NEO
LIBE
RA
LISM

中国主要社会思潮

丛书主编————郭忠华

李泉————主编

新自由主义
研究与批判

格致出版社　上海人民出版社

本研究为国家社科基金重大项目

"当前主要社会思潮的最新发展动态及其批评研究"

（项目编号：16ZDA100）的阶段性成果

目　录

导　言:
新自由主义与转型中国

　　过去 40 年中,新自由主义国家的崛起改变了世界范围的政治和知识版图。这种新自由主义转向的序幕出现在英美保守主义政府时期的战略性政府重组,随即一股流行全球的政治改革浪潮传播到其他发达资本主义国家以及亚洲和拉丁美洲的发展中国家。作为新自由主义改革议程的核心部分,公共部门变革中涉及的规范原则与操作技术在流行的新古典主义经济学、管理主义和治理理论等文献中得到详尽的阐述。这些理论为论证新自由主义者进行的政策变革提供了一个有效的知识系统。

　　在当代针对新自由主义的众多研究者中,大卫·哈维(David Harvey)是其中的佼佼者。在其代表作《新自由主义简史》中,哈维追溯了不同类型国家经历新自由主义转型的轨迹,并且全面而系统地勾勒出第二次世界大战后全球新自由主义的整体格局。这样的历史和比较研究使得哈维得以将新自由主义界定为一项政治规划(political project),具体包括实践战略和理论设计这两个相互影响的方面。其中前者指的是一系列为资本的有效积累和阶级权力的形成或重塑创造条件的行动策略。后者则指向一种独特的政治经济理论,主张通过在私人产权、自我管制的市场和自由贸易的制度框架内最大限度地发挥创业自由，进而最大程度上推进人类的福祉。基于上述理论与实践的区分，哈维进一步洞察到，这些观念尽管充满了乌托邦色彩，却是政治变革中真实而强大的力量。[①]由此哈维概括出新自由主义的主要特点：

（1）新自由主义规划的主要目标是重塑资本积累，进而恢复资本主义精英的阶级力量；

（2）公司化、商品化和私有化是这些精英使用的核心战略；

（3）国家对新自由主义规划的推行至关重要，因为它不仅为新自由主义的实践创造和维系了必要的条件，而且国家自身也采取了企业化的治理模式；

（4）以个体自由为中心的新自由主义理论话语在指导、掩饰和辩护实践议程方面起着关键作用；

（5）新自由主义实践不可避免地加速了地域发展不平衡；

（6）新自由主义规划在实现乌托邦目标方面的失败和在重塑阶级权力方面的成功，催生了具有平等、正义和民主诉求的大规模的社会运动；

（7）为了维持不稳定的新自由主义体系，统治阶级倾向于更多地使用国家的威权性权力。[②]

根据哈维的概括，这七项特征凸显了新自由主义体制是一个具有单一目标和多种手段的比较连贯的政治议程。细致分析这些特

---

① ［英］大卫·哈维：《新自由主义简史》，王钦译，上海：上海译文出版社 2010 年版，第一章。

② Harvey, D., "Neoliberalism as Creative Destruction", *The Annals of the American Academy of Political and Social Science*, Vol.610, No.1(2007), pp.21—44.

征,我们可以发现国家在新自由主义试验中发挥的核心作用。事实上,国家一旦实施一系列的新自由主义制度,便会积极参与到新自由主义所有七个方面的运行中。哈维形象地将这种类型的国家称为新自由主义国家(the neoliberal state)。相比于古典自由主义将国家消极地视为"守夜人"角色,这种新的国家类型的出现构成了新自由主义的一个独特特征。具体而言,新自由主义体制下国家的首要职责已经转变为促进商业利益,而非普通民众的福利。因为新自由主义者主张,社会发展的唯一引擎应该是贡献经济增长和技术进步的企业家阶层。普通民众通过所谓的"滴漏效应"只是分享了企业创造的利益。为此,国家不仅要容忍少数富人与大多数普通人之间存在的社会差距,甚至还需要为拉大这种差距创造有利条件,因为只有这样才能为富有创新精神和敢于冒险的企业家们提供足够的激励。除此之外,新自由主义国家不应该"越位"。根据新古典经济学的基本原理,国家对市场的干预必须保持在最低限度,因为国家无法获取包括市场价格在内的充分信息,而且大多数人的民主利益也必然扭曲国家的市场干预措施。

通过有机结合这些积极和消极的角色,新自由主义者在论证国家的目的和功能方面得以建立比前辈更为强大的规范性立场。但在实践中,与这项规划相关的新自由主义政策在推动经济发展方面并不奏效,却成功地重塑了资产阶级的阶级权力。①换言之,新自由主义政策的主要成就不是创造财富,而是对财富的再分配。与规范论述中的新自由主义国家角色颇为不同的是,实践中的新自由主义国家及其公共政策则是将财富和收入从人口的下层转移到了上层阶级。这些由国家发动和推行的私有化项目和削减社会支出的努

---

① Ostry, J., Loungani, P. and Furceri, D., "Neoliberalism: Oversold?" *Finance & Development*, Vol.53, No.2(2016), pp.38—41.

力，被哈维称为掠夺性积累（accumulation by dispossession）。由此可见，国家才是新自由主义的真正引擎。

　　一旦明确了新自由主义理论与实践的组成要素，转型中国与新自由主义的关系问题就变得明朗了。其中的关键是，如何衡量当代中国的新自由主义实践以及意识形态在多大程度上与理想类型不同。这里强调中国的新自由主义实践是重要的，因为即使哈维自己在考察中国个案时，似乎也混淆了实践和意识形态层面的区别。他将中国看作一个奇怪的案例，因为其转型的结果是一种在中央集权的威权统治下的新自由主义形态。[①]威权主义国家的存在事实表明中国已经偏离了标准的新自由主义模式。那么如何解决以现行国家体制为焦点存在于新自由主义思想体系与中国现实之间的张力呢？

　　对那些确信中国符合新自由主义特征的学者来说，这种张力可以通过辩证地解释两者的关系得到解决。例如，汪晖追溯了改革初期新自由主义思想的知识渊源，他认为，自 20 世纪 90 年代以来，新自由主义在中国逐渐形成了支配性的治理格局，这是转型国家为了克服经济改革带来的合法性危机而催生的政策结果。中国知识分子在政治经济领域构建的反政府话语是这种新自由主义体制的一个重要方面。这种"非政治话语"（apolitical discourse）有效地掩盖了日益严重的社会不平等和两极分化其实是来自国家干预的结果。而且，该话语创造了一个过渡的神话，即各种社会问题只有通过新自由主义的发展，只有通过资产阶级的商业精英与国家官僚干部的密切合作才能得到解决。在汪晖看来，转型国家在意识形态中无形的主导作用，恰恰是在实践中新自由主义既成统治地位的标志。[②]

---

①　Harvey, D., *Spaces of Global Capitalism: A Theory of Uneven Geographical Development*, London: New York: Verso, 2006.

②　汪晖：《"新自由主义"的历史根源及其批判——再论当代中国大陆的思想状况与现代性问题》，载《台湾社会研究季刊》2001 年第 6 期，第 1—65 页。

这种理论与现实之间的矛盾恰恰揭示了具有中国特色的新自由主义的权力结构。吴缚龙在随后的结构分析中证实,新自由主义确实可以描述中国市场化转型的一些基本特征。他表明,这种威权主义控制并不是以前国家社会主义的遗产,而是对市场化积累造成的社会问题的有意识回应。在改革时期,市场已经成为主导机制,而市场本身则由国家主导。最为重要的是,除了转型国家之外,事实上没有其他主体能够成为市场化进程的创造者、维系者和捍卫者。①

当然学界对这种中国新自由主义的描述也存在一些质疑。例如,王爱华(Aihwa Ong)就直接挑战了哈维的观点。她指出:"由于存在对新自由主义规范模型的依赖,哈维在将中国归类入新自由主义的模板时遇到了麻烦。中国的异质性在于其新自由主义政策是与威权主义国家相结合的。哈维采用的新自由主义模型的重点是国家层面的经济管理,这样会显得不够灵活,难以将在民族国家范围相互之间具有复杂影响的各种制度、项目和行动主体纳入考量。"②为此,王爱华建议把新自由主义理解为一种流动的治理技术(mobile technology of governance)。强大的国家控制可以被看作其中的一个部分。与此类似,唐纳德·诺尼尼(Donald Nonini)也批评了哈维的说法,他认为中国之所以是新自由主义,是由于经济实践与政治意识形态产生的明显分歧。特别是在改革开放时期,中国发展出一种结合了早期的社会主义、发展主义和民族主义战略的混合经济模式。此外,"社会主义市场经济"的政治话语也表现出坚持社会主义的承诺,而这在典型新自由主义者眼中是很奇怪的。更重

---

① Wu, F., "China's Great Transformation: Neoliberalization as Establishing a Market Society", *Geoforum*, Vol.39, No.3(2008), pp.1093—1096.

② Ong, A., "Neoliberalism as a Mobile Technology", *Transactions of the Institute of British Geographers*, Vol.32, No.1(2007), p.4.

要的是，诺尼尼不仅注意到了在同时期出现的新兴官僚资产阶级，还明确说明了存在于新阶级中的特殊社会关系，这种关系加速了少数精英对社会大多数的剥夺，同时为资本加速积累创造了条件。[①]鉴于哈维自己也曾强调国家在再分配政策中的核心作用（见上文），我们可以认为这两位学者对微观治理和社会网络分析的强调与哈维的基本立场并不冲突，反而可以看作对哈维针对中国新自由主义现象分析的必要补充。

如果我们注意到上述在转型中国的案例中出现的分歧立场，便可以发现针对新自由主义的结构性分析和动态性分析之间的张力。这背后是以葛兰西为代表的新马克思主义与以福柯为代表的后结构主义的区别，而这两个哲学流派在如何理解和解释现实世界的权力结构方面有着相当复杂的争论。这里我们选择暂时搁置这个艰深且关系不甚紧密的议题，而是将焦点集中在观察转型中国与新自由主义关系这一特定问题上。遵循哈维的见解，我们需要从意识形态和实践策略两方面来加以考量。此外，正如王爱华提醒的，我们还需要注意到在新自由主义实践进程中这两个组成部分相互作用的具体方式。如果这个基本立场是有效的，我们立即就会看到，用英美等国的新自由主义意识形态作为标准来考察中国新自由主义的偏差现象时所犯的错误。这是哈维连同其批评者共同的错误。此外，他们也忽视了新自由主义意识形态与其辩护的实践策略之间的辩证关系。正如汪晖正确指出的，中国知识领域盛行的反国家话语并不损害新自由主义国家的统治地位，相反却成了后者有力的辩护。

因此，用强大的国家控制的事实作为支持中国例外论的做法，

---

① Nonini, D., "Is China Becoming Neoliberal?" *Critique of Anthropology*, Vol.28, No.2(2008), pp.145—176.

既忽视了新自由主义反国家话语的意识形态特质,也分散了我们的注意力,将其从实践引向了意识形态领域。在这一问题上或许更好的解决方法是将焦点牢牢锁定在中国新自由主义改革进程的主要推动者和受益者上。正如我们已经看到的那样,这可能是结构视角和动态视角研究者们的共识,即在实践领域由官员控制的一个强大的和企业式的国家的存在,可能正是转型中国新自由主义的核心特征。

那么我们又该如何理解中国意识形态与新自由主义模板之间的背离呢?在这方面哈维没有提供任何有帮助的见解,这一部分在他针对中国新自由主义的分析中也是缺失的。然而,即便是哈维的批评者也承认,他在意识形态层面对新自由主义的界定可以成为一个有益的参照点。简言之,对哈维等人来说,新自由主义之所以得名就是因为它是一套以个人自由为中心的思想体系。新自由主义话语的产生是有意为之,并非偶然。正如哈维所解释的那样,一个占统治地位的思想体系需要阐明那些在常识中根深蒂固、被人们认为是理所当然的基本概念。此外,一套观念体系只有自然地吸引我们的直觉和本能、我们的价值观和诉求,以及现实世界中存在的可能性时,才能成功建立起来。①基于这些观察,我们便不难理解为什么新自由主义思想的奠基人物往往把个人自由的政治理想作为西方文明的核心价值理念。诺尼尼在接受这种描述的同时,也表达了对中国新自由主义意识形态完整性的怀疑,因为它对自由的关注并不像西方国家那样明显。然而,他的研究也停留在了这里,没有进一步考虑除了典型的自由话语之外,中国新自由主义的实践进程是否可以通过其他意识形态结构来论证。这导致他的分析仍然是不

---

① Harvey, D., "Neoliberalism as Creative Destruction", *The Annals of the American Academy of Political and Social Science*, Vol.610, No.1(2007).

完整的。正如采用结构视角和动态视角的研究者们在理解中国新自由主义的实践方面所犯下的错误一样，对中国新自由主义意识形态的精神实质缺乏深入的认识，反映出了他们在解读新自由主义意识形态多样性时的盲点。对目前的学术界来说，究竟是什么激励了中国新自由主义者从一个规范的立场出发而不是通过简单的利益计算来行动，仍然是一个尚待研究的领域。

以上关于中国新自由主义研究现状的简短讨论及其反映出的问题是我们编撰这部研究文集的主要原因。作为国家社会科学基金重大项目"当前主要社会思潮的最新发展动态及其批判研究"的阶段性成果，我们致力于为学界同仁攻克这一难题贡献坚实的文本和思想基础。为了能够全面和客观地勾勒出当代中国新自由主义的研究图景，我们精心挑选了对这一问题持不同学术立场和倾向的代表学者，收录了他们自 20 世纪 90 年代以来所撰写的八篇重要作品，以两个彼此相关且各有侧重的主题分别呈献给读者。

在本书的资料收集和编辑过程中，中山大学政治与公共事务管理学院的陈宇、梁诗琪、林映吟、潘逸舟和孙昊宇五位同学付出了许多辛劳。没有他们积极和高效的工作，本书不可能如期问世。最后，囿于编者自身学识和能力的限制，本书的内容难免存在诸多不足。尽管如此，我们仍希望借此努力，在中国政治学界激发更加丰富的讨论和严肃的反思，为深入剖析和批判新自由主义提供思想的动力与方向。

李　泉

2018 年 6 月 20 日

于中山大学康乐园

上　篇

新自由主义视角下的

中国转型及其批判

中国的经济制度

张五常*

一、中国的问题

个人认为，中国的经济改革始于 1980 年。1979 年的秋天，我到离别了多年的广州一行，看不到任何改革的迹象。北京与将来的史学家无疑会选 1978 年为改革的起点。这个日期明确为 1978 年 12 月 18 日。那天，中国共产党的第十一届三中全会公布了一项极为重要的决定。有了这个日子，罗纳德·科斯策划的这个中国研讨会议就有一个特别的意义：肯定是历史上最伟大的经济改革。

当年的三中全会决定了两件事：(1)中国开放推动经济发展；

---

* 张五常，毕业于美国加州大学经济系，获博士学位。国际知名经济学家，新制度经济学和现代产权经济学的创始人之一，现任香港大学教授、经济金融学院院长。曾当选美国西部经济学会会长，是第一位获此职位的美国本土之外的学者。1969 年张五常以名为《佃农理论——引证于中国的农业及台湾的土地改革》的博士论文轰动西方经济学界。《中国的经济制度》一文源自张五常于 2008 年 7 月在芝加哥大学由科斯自费筹办的"中国经济改革国际研讨会"(2008 Chicago Conference on China's Economic Transformation)上长达两个小时的发言稿。此处为其本人亲自翻译的中文版，题为《中国的经济制度》。2008 年以中英双语在香港花千树出版社出版，2009 年在北京中信出版社再版，此处略有删改。该文被引次数多达 232 次，引起学界极大反响。

（2）邓小平再获授权。那时，相信这两项公布的人不多吧。关于经济，类似的豪言壮语曾经有人表达过。至于邓小平的复出，这是第三次了。虽然这一次说明他获得授予的是最高的权力，但资历比他高而又反对市场经济的同志，大有人在，而1978年的中国，资历辈分很重要。有谁知道将会发生什么事？邓小平可能再下台。

1979年的夏天，英国的经济事务学社的主编要求我写关于中国的前景。他说撒切尔夫人的办公室对一个学术性的分析有兴趣。那年的秋天我到广州一行，越来越有兴趣地跟进中国的经济发展与改革。1981年，我察觉到中国的局势在急速转变，于是为该学社写了一篇足以印成小册子的文章。1982年发表《中国会走向资本主义的道路吗？》①作出了肯定的推断：是的，中国会向资本主义的道路走！延迟了一年才出版，因为不同意的批评者无数。在西雅图最亲密的同事巴泽尔不同意我的推断，但他认为关于理论那一节真好，不发表很可惜。

于今回顾，我当年的准确推断使朋友与同事惊奇，而我自己惊奇的是改革的发展速度。差不多三十年持续的高速经济增长，超越了日本的明治维新，而发生于一个那么庞大、人口那么多而又是那么复杂的中国，近于不可置信。还有，在这奇迹的发展中，中国要面对贪污，面对一个不完善的司法制度，面对教育与医疗问题，有外汇管制，有互相矛盾的政策。

大约2003年，几位熟知中国的朋友向我投诉国家的多种不是。我回应："不要告诉我什么不对。我可以在一个星期内写一本厚厚的批评中国的书。然而，在有那么多的不利的困境下，中国的高速增长持续了那么久，历史从来没有出现过。尤其是，不要重复某些

---

① Institute of Economic Affairs(London，1982)，Hobart Paper，84.

人相信的：贪污对经济发展有利。朱镕基的肃贪行动早就把这假说推翻了。中国一定是做了非常对的事才产生了我们见到的经济奇迹。那是什么呢？这才是真正的问题。"

我用一个比喻对这些朋友解释困扰了我好几年的问题。一个跳高的人，专家认为他不懂得跳。他走得蹒跚，姿势拙劣。但他能跳八英尺高，是世界纪录。这个人一定是做了些很对的事，比所有以前跳高的人做得更对。那是什么？在不同的内容上，这就是中国的问题。

这篇文章要找这问题的答案。长而复杂，因为我有一段历史要叙述，有一个理论要解释。这样，我要专注于中国做对了什么。这里我只能说，要批评中国我可以写很多本书。

自1980年起，中国真是个经济奇迹。米尔顿·弗里德曼曾经高举香港的经济奇迹，因为人口上升了十倍而人均收入还有可观的增长。然而，香港以北的深圳，人均收入的增长比香港还要快，而同样的时间人口上升了45倍。举另一例，我和太太造访绍兴后五年，再回去面目全非。报道说，一些劳工离乡三年，回乡找不到自己的家。有些深在内陆的城市，像旧金山市那样，高楼大厦在夜间灯光闪闪。目前，世界上过半的电梯是在中国安装的。

今天在中国，高速公路每年建造4 000多公里，足以横跨整个美国。20世纪90年代中后期，世界17%的建筑起重机集中于上海。那时楼价急跌，但午夜还可见到熔焊工人在高高的钢架上操作，仿佛天上的星星。上海在五年间建成的商业楼宇面积，比发展得快的香港的50年还要多。2002年，上海的策划者突然大幅减低楼宇建筑的容积率，因为发觉高楼大厦的重量使该市下沉。从南京到上海的四车道公路，启用时因为车辆稀少而被批评浪费，但五年后交通堵塞，进账可观，要拓宽为八车道了。因为车辆按大小收费，载货超重严重,世界级的公路很快就被压坏了。整个国家的所有港口都要排队卸货。2005 年,地球最长与第二长的跨海大桥同时建造,而且是在同一地区。

温州一家造鞋厂雇用 12 万员工。该市差不多产出地球上的所有打火机及圣诞灯饰。义乌 15 年前以地摊小贩多而知名,今天每日输出过千个货柜,来自韩国及非洲的购买商人云集该市,使写字楼的租金升穿楼顶。有谁听过几千间店子只卖短裤,不卖其他东西? 这是义乌,那里的批发商场大得我一看就坐下来,因为老人家不容易走那么远。乐从镇有一条马路,两旁满布家具商店,长达 10 公里。苏州的广大工业园,园艺美观,满是世界级的名牌工厂与世界级的厂房设计,五年间在农地上冒出来。杭州每年游客 4 000 万。该市有一间零售店,出售名牌皮包,每天平均进账 8 万美元。

我可以不断地继续叙述类似的现象。需要补加的,是浦东的一个故事,即上海黄浦江之东。1993 年我带弗里德曼夫妇到那里,见到的只是一行一层高的店子,据说是建造给邓小平看的。米尔顿当然反对这样做,指出政府的发展策划一般以失败收场。然而,八年后,我带一位美国建筑设计师到浦东商业区,他目瞪口呆,说那里密集的摩天商厦可能是世界上最好的。一个像中国那么大,人口那么多而又发展得那么快的国家,会有很大的空间容许以尝试的方法学习。①

---

① 当 1997 年上海宣布将在浦东建设一个新的国际机场时,怀疑的人说旧机场的使用还没有达到饱和点。浦东的新机场 1999 年启用,过了不久一条跑道不够。2005 年增加了一条跑道,2008 年再加了一条并增加了一个新的候机处。旧机场现正增建另一条跑道。这样看,上海每隔两年半就增加一条国际机场跑道。收费的公路与桥梁有雷同的故事,本来亏蚀的没多久就赚钱。一位朋友惋惜卖掉一段公路,因为不久后满是车辆。一位来自台湾的规模不大的方便面生产商,五年后每天产出 3 000 万包。从 2000 年到 2006 年这六个年头,在中国投资的人差不多不能出错。可惜好景不长,到了 2007 年底,这乐观的景象不再。

今天,浦东的商业楼宇还在不停建造,空置着的很多。楼价却在上升。这些看来是互相矛盾的现象只有一个解释:人们在等待。他们下注投资而等待,期望着一旦中国解除外汇管制与金融管制,上海浦东会立刻成为一个有领导地位的金融中心。

统计的数字加不起来。一个从事统计的官方朋友,直言无法前后一贯地把数字组合。2005 年,北京相当大幅地把过往统计的增长率提高,但没有算进产品与服务的质量,是戏剧性地改进了。不止如此,大部分的省份统计的增长率,高于北京对全国的统计,有些高很多。2006 年,广州报道该市的人均收入暴升,但主要是因为他们用产出总值除以户籍人口,忘记了数百万没有户籍的流动人口的产出贡献。没有疑问,2000 年起农民的生活直线上升,但官方的统计却说他们的增长率低于城市的。他们一定是用了户籍人口算,因为没有谁知道多少农民"流动"去了。我认为 1/3 以上的劳动人口在国内流动。外间的机构不知道这个陷阱,几番报道,说中国的基尼系数正在危险地上升。这些报道脱离目标的距离要以英里算。

二、 思想的冲击

罗伯特·蒙代尔,北京的荣誉市民,是科斯的仰慕者。听到老人家亲自策划一个关于中国经济改革的研讨会议,他建议要有一篇颂赞科斯的学术贡献的文章,而我是写这篇文章的适当人选。但科斯已经邀请我写这篇关于中国经改的开场主题,不是写科斯本人。我想,这里起笔说一下科斯的经济思想对中国的影响,也是适当的。这样做,我无可避免地要牵涉到自己,因为把科斯的思想介绍给中国同胞的只我一人。

1979 年我发表第一篇中文文章,题为《千规律,万规律,经济规律仅一条》。①这个古怪的题目是回应早一年我读到的、中国著名经济学者孙冶方发表的《千规律,万规律,价值规律第一条》。②"文革"期间,孙先生说了这句话,坐牢七年。我当然同情他,但不同意他高举的马克思的价值与价格概念。我的长文只申述一点:资源稀缺,竞争无可避免;决定胜负要有准则,在无数可以采用的准则中,只有市价不会导致租值消散。③我列举了多个不同的准则,包括排队轮购、论级分配等,指出必会有租值消散的浪费。只有市场价格这个准则没有,而市价的使用是基于有私产的存在。④

很多年后我才知道该文在北京广泛流传,不少朋友说影响了后来中国差不多什么都收费的习惯。有系统地以中文解释科斯的界定资产权利与交易费用的理念始于 1982 年,见于《中国会走向资本

---

① 张五常:《千规律,万规律,经济规律仅一条》,载《信报财经月刊》1979 年第 10 期。

② 孙冶方:《千规律,万规律,价值规律第一条》,载《光明日报》1978 年 10 月。

③ 租值消散是个重要论题,起于公共资源使用的分析:资源的租值,会因为没有约束的竞争使用,引起使用成本增加而消散了。由此引申,我指出即便不用市场价格,或市价被政策压制着,其他的竞争准则一定也会出现,而某种程度上这些其他准则必会导致租值消散。从租值消散的角度来解释经济行为是一个重要的法门,可惜经济学行内不重视。我的经验是分析交易费用时,采用租值消散这个通道非常有效。有关读物,见 Knight, F. H., "Some Fallacies in the Interpretation of Social Cost", *Quarterly Journal of Economics* (August 1924); Gordon, H. S., "The Economic Theory of a Common Property Resource: The Fishery", *Journal of Political Economy* (April 1954); Steven N. S. Cheung, "The Structure of a Contract and the Theory of a Non-exclusive Resource", *Journal of Law and Economics* (April 1970); Steven N.S. Cheung, "A Theory of Price Control," *Journal of Law and Economics* (April 1974)。

④ 采用市价是有费用的,但作为一个竞争准则,市价本身不会导致租值消散。关于采用市价的费用,见 Coase, R. H., "The Nature of the Firm", *Economica* (November 1937); Stigler, G. J., "The Economics of Information", *Journal of Political Economy* (June 1961); Steven N. S. Cheung, "The Contractual Nature of the Firm", *Journal of Law and Economics* (April 1983)。

主义的道路吗?》的中译。①

1983年11月,我开始热心地以中文下笔。《从高斯定律看共产政制》1984年1月发表。②该文详细地讨论了畜牧与种麦的例子。到今天,我发表了大约1 500篇中文文章,一半是关于经济的。经济改革与政策分析约占总数的1/3。我不是个改革者。然而,抗战期间在广西差不多饿死了,今天作为还活着的老人,我对国家的关心无从掩饰。外人是否同意无所谓,只要他们读我写出来的。我相信任何人读任何人的文章,多多少少会受到影响。

没有更好的时间,没有更好的地方,也许没有比我这个写手更好的推销员,在20世纪80年代的中国推广科斯的思想。那时,国内的意识大门逐渐打开:人们知道他们历来相信的不管用,要找新的去处。1982年5月,我获任香港大学的经济讲座教授,那是当时跟进中国发展的最佳位置。我对科斯的论著了然于胸,而众人皆知他是我的好朋友。③我是个中国文化与历史专家,人们不能对我说我不懂中国——他们对外人必然这样说。我可以用中文动笔,没多久就写出读者认为通俗、风格鲜明的文字。这一切之上是科斯的原创思想,当时容易推销。如果当时的中国像今天那样,我是不会那么幸运的。

首先是交易费用的思维。中国人在早前的制度中非常熟识那

---

① 张五常:《中国会走向资本主义的道路吗?》,1982年,重刊于张五常:《中国的前途》,香港:花千树出版社1985年版。此书已再版多次。

② 张五常:《从高斯定律看共产政制》,载《信报》1984年1月27日,转刊于张五常:《卖桔者言》,香港:花千树出版社1984年版。此书也已再版数次。

③ 1980年在底特律的美国经济学会的年会中,科斯催促我回到中国去,因为他听到中国有可能开放改革,而他认为我是向中国人解释经济制度运作的最佳人选。几个月后,我听说香港大学的经济讲座教授的位置将会空出。1982年5月我获委此职,18年后退休。

无数的琐碎麻烦,例如要背诵口号,要排队轮购,要搞关系,要走后门。他们每天要花几个小时做这些事。当我说如果这些费用减低,收入会飙升,就是最顽固的旧制度维护者也难以应对。当时的交易费用奇高,怪事天天有,这些大家都清楚,但我需要时间与多篇文章才能说服中国的朋友,如果制度不改,交易费用不会下降。这方面,应归功于我。

　　要改为哪种制度呢? 不容易说服。我 1979 年的文章指出的观点是,市场价格是唯一不会导致租值消散的准则,那些惯于排队数小时的人不难明白。然而,当我指出市价只能用于私有产权的制度时,人们不易接受。私字当头,在中国的文化传统里没有半点值得尊敬的含义,而私有产权更是直接地违反了北京对社会主义或共产主义的执著。

　　在这重要关键上,科斯的资产权利需要清楚界定这个思想大显神功。作为当时的经济科学推销员,我知道同样的产品有了个新的包装。1988 年的秋天我带弗里德曼夫妇会见当时的中共中央总书记时,赵先生急于向米尔顿解释资产权利界定的重要。这对话有存案,在好几个地方发表过。成功地推销科斯的经济观给总书记也应归功于我。今天,在百度搜索引擎上,"科斯定律"的几个译法出现过不止十万次。

　　同样重要的是所有权与使用权的分离。当时的香港,土地是政府或皇家所有,一幅官地的私人业主只持有一纸长期的租用合约。当我在洛杉矶加州大学做学生时,借钱购买了一部小的菲亚特牌汽车。我是注册车主,银行是法定车主,但这两权的分离对我使用该车是没有影响的。科斯对权利界定的分析,在那 1960 年的鸿文中用上了多个精彩的实例,我看不到所有权是否私有对资源的使用有何重要。①这话题的出现,是因为当时我的注意力集中在 1983 年开始盛行的承包责任合约。我看到在逻辑上,这合约是准许私人使用资产但没有私人所有权。承包合约是这篇文章的重心所在,我稍后详论。

让我跳到 2006 年 8 月于北京。周其仁给我看了两本我自己的书:《中国的前途》(1985 年)与《再论中国》(1986 年)。②二者皆在香港出版,但被影印复制,扉页盖上一个"内部阅读"的印章。这些书是北京同志的内部或"秘密"读物。我从来没有那样高兴见到自己的书给人盗版(据说每书复印 2 000 册)。在这两本结集中,科斯的影响是清楚而又广泛的。

三、 合约的一般概念③

阿尔钦提出,任何社会,只要有稀缺,必有竞争,而决定胜者与负者的规则可以阐释为产权制度。作为他的入室弟子,加上后来受到中国经济改革的启发,我尝试从一个修改了的角度看世界。我的看法是,资源使用的竞争一定要受到约束,人类才可以生存,因为没

① Coase, R. H., "The Problem of Social Cost", *Journal of Law and Economics* (October 1960),在早一篇同样重要的文章里,科斯写道:"人们看来不明白的,是联邦传播委员要分配的,或者要在市场出售的,是以一件仪器传达信号的使用权。这样看问题,我们无需想到频率或无线广播的所有权。"R. H. Coase, "The Federal Communications Commission", *Journal of Law and Economics* (October 1959), p.33。

② 张五常:《中国的前途》与《再论中国》,皆再版多次,目前由花千树出版社出版。

③ 2002 年 7 月 31 日,弗里德曼九十大寿那天,我写了《合约的一般理论》。(张五常:《制度的选择》,第五章第一节。)2007 年 5 月 24 日到 8 月 9 日,我发表了 11 篇关于经济学的缺环的文章(张五常:《经济学的缺环》与《从安排角度看经济缺环》,后者分十篇,载《壹周刊》)。这系列是为准备写这篇献给科斯的长文而作的。我认为这里的第三节与上述的合并起来,会得出一个完整的合约一般理论。

有约束的竞争必然带来租值消散，会灭绝人类。这些约束可以有不同的形式或不同的权利结构，界定着经济制度的本质。

约束竞争的权利结构可分四大类，而任何社会通常是四类并存的。第一类是以资产界定权利，也即私有产权了。第二类是以等级界定权利，也就是昔日中国的干部同志按资历级别的排列。①第三类约束竞争的法门是通过法例管制。最后，竞争也可以受风俗或宗教的约束。

因为约束竞争意含着互相同意的行为，或暗或明，或自愿或强迫，这就意含着合约的存在（不一定是在市场以市价交易的合约）。1982 年我说过，一个国家的宪法是合约。②私有产权、等级排列、法例管制、风俗宗教等，以我之见，都是不同形式的合约安排。

这里介绍合约的广泛概念是需要的。原则上，我们可以把为了约束竞争而界定权利视作一类合约，而把交换权利或市场合约视作另一类（虽然市价也是约束竞争的局限）。③困难是这两类合约很多时候不容易分开，而在中国，这两类合约往往是织合为一的。我们稍后将会讨论后者的有趣安排。

为了理解中国，我以合约的关系来看社会里的人际互动。1979年我在广州，震撼于不同职业的等级排列的细微划分。某级别的人

---

① 安排有所不同，等级排列也可以在一个资本主义经济的机构中见到。然而，在共产制度下的等级排列，在一些重点上与一家私营企业的排列不同，前者较接近于政府设立的机构，例如一所公立医院或一所公立大学。单从等级排列看，共产制度与私营企业的主要分别是，前者的市民或员工没有权不参与，而转换工作要得到政府的批准。自由选择工作会导致等级排列制度的瓦解。当 1982 年底见到自由转业在珠江三角洲开始出现时，我立刻为文说中国的经济改革不会走回头路。在北方，工作的自由选择要到 1992 年才开始，在邓小平于该年春天发表南方谈话之后。
② Steven N.S. Cheung, *Will China Go Capitalist*？(London，1982)，Hobart Paper，84，Section II.
③ 市价是约束竞争的局限。正如亚当·斯密在《国富论》中写道："给我那我需要的，你可以获得这你需要的……"(Cannan edition，p.18)。

可以分享一部汽车，或每隔一天可得鸡蛋一只，或有权到市场买鱼且不需要排队。这些现象有启发力。我最初的解释是，天生下来人是不平等的，如果在一个"无产"的社会中每个人平等地"无产"，人权一定要不平等才能找到社会的均衡。再过两年，我看到深入一点的真理：中国的等级排列其实是合约的约束，在资产本身没有权利界定的情况下，需要有这种排列界定来降低在竞争下的租值消散。

这里的重要含义，是中国的经济改革必须有一种转移，要从以等级界定权利的制度转到以资产界定权利的制度，或者说要从一种合约安排转到另一种合约安排来约束竞争。这一点，我认为是解释中国三十年来发展的重心所在。没有经过流血的革命而做到这种合约转移，可以视为奇迹，而我将指出，成功的关键，是中国用上一种刚好坐在上述的两种合约之间的另一种合约。后者称为承包责任合约。真正的奇迹可不是他们做到这重要的合约转移，而是他们达到的一种前所未见的经济制度。

既然在讨论一般性的理论，我要指出约束资源使用的竞争是需要费用的。这些费用被称为交易费用，实在有点误导。多年以来，我强调不同种类的交易费用只能在边际上分开，而验证假说所需要的，是指出这些费用的边际转变。我也曾经强调，交易费用不需要用金钱来量度，需要的是在不同的可以观察到的情况下，我们有本事排列交易费用的高低。这不容易，但可以做到，我曾经无数次以观察到的现象转变来衡量交易费用的转变，作出准确的推断或解释。

除了从边际转变的角度看，不同种类的交易费用无法分开，这逼使我为交易费用下一个广泛的定义：涵盖鲁宾逊一人世界中不存在的所有费用。这样看，交易费用是可以在一个完全没有交易的情况下出现的。我认为应该称为制度费用才对，即只有社会才能出现的费用。我的论点是交易（或制度）费用的起因，主要是为约束使用资源的竞争，或者从上文提出的广义合约安排看，起于用合约来约束竞争的需要。结论是：只要竞争存在，交易或制度费用一定存在。换言之，说一个社会没有这些费用是矛盾的。

1982 年，我指出如果交易或制度费用不存在，就不会有市场。评论科斯定律时，我写道：

> 如果广义的交易费用真的是零，我们要接受消费者的意欲会不费分毫地准确表达；拍卖官与监察者会免费搜集与整理讯息；工作的人与其他生产要素会得到免费的指引，去从事与消费者的意欲完全吻合的产出；每个消费者获得的产品与服务，跟他的意欲会是一致的。仲裁者会免费地决定一个工作者或消费者的总收入：把他的边际产值，加上社会其他所有资源的租值的一个分成，这分成是依照大家不费分毫地同意的任何一种准则而决定的。如此推理，科斯的效果可以没有市价而达致。[①]

市场的存在是因为交易或社会费用不是零而起，跟科斯的经典公司分析和我早年的合约选择分析是没有冲突的。[②]说市场的出现是为了减低交易费用是近于定义性的了。然而，要解释座位票价或自助餐的安排，我们只需指出某些交易费用或制度费用的边际转变，但解释一个复杂的制度或制度的转变，要困难得多。

我的困难持续了差不多 20 年。我不知道哪种交易或制度费用

---

① Steven N.S. Cheung, *Will China Go Capitalist*? (London, 1982), Hobart Paper, 84, Section III.

② Coase, R.H., "The Nature of the Firm", *Economica* (November 1937); Cheung, "Transaction Costs, Risk Aversion, and the Choice of Contractual Arrangements", *Journal of Law and Economics* (April 1969), pp.23—42.

应该加进去来解释私产及市场的存在。我的广泛定义显示着这些费用无处不在,再没有加进的空间。2001年的一个晚上,我看到曙光:我们不是要加,而是要减这些费用,才能得到解答。

我跟着想到一篇只两页纸的文章,是博顿利(A. Bottomley)1963年发表的。[1]作者的论点是的黎波里的草原极宜种植杏仁树,但因为草原公有,于是用作畜牧。[2]有价值的资源毫无约束地让公众使用的现象是否出现过,我历来怀疑,但假设真有其事,租值消散是效果。那么,的黎波里的草原公用畜牧,其交易或制度费用是些什么呢?答案是消散了的租值!在我1974年发表的关于价格管制的文章里,我指出租值消散是一种交易费用。[3]的黎波里的例子,同样的看法比较困难,但在两方面土地的租值消散真的是交易或制度费用。一方面,租值消散不会在一人世界发生;另一方面,成本(这里指费用)是最高的代价——的黎波里的畜牧代价是种植杏仁树的土地租值。定义说,把草原转作种植杏仁树的用途的总交易或制度费用,一定不会低于租值的消散,否则用途的转变会出现。跟着的含义是,如果我们能认定这些费用在哪方面有了转变,制度的转变就可以推断。这正是1981年我推断中国会走向资本主义的道路的方法。

上述的观察,明显地说,如果的黎波里的草原是私有而种植了杏仁树,有三个结果。其一,土地的租值会上升而交易或制度费用

---

[1] Bottomley, A., "The Effects of Common Ownership of Land Upon Resource Allocation in Tripolitania", *Land Economics* (February 1963).

[2] 在"The Structure of a Contract and the Theory of a Non-exclusive Resource"一文中,我补充说:"维护在公众土地的植树投资的成本高,因为植在地上的树是固定了的,但牲畜却可以在晚上驱赶回家。"

[3] Steven N.S. Cheung, "A Theory of Price Control", *Journal of Law and Economics* (April 1974).

会下降——这下降是减下去,在我们的例子中是租值代替了交易费用。其二,交易或制度费用的性质或类别是改变了,虽然这些费用永远不会下降至零。其三,从我们的广泛概念看,以合约安排来约束竞争,一种合约是取代了另一种。以我之见,后者是制度转变的正确意义。

上述的分析或看法,研究新制度经济学的人可能不熟识,但对理解中国 30 年来的经济改革却至关重要。尤其是我在交易或社会费用与合约安排的知识的增长,主要是从中国的经验学习得来的成果。

很不幸,制度的转变或合约安排的转变,不一定是朝减低交易费用或增加租值的方向走。亚当·斯密认为土地使用安排的转变是朝改进效率的方向走,不一定对。[1]灾难性的安排单是 20 世纪就出现过多次了。有时我想,人类可能有一天会因为自己的选择而毁灭自己。在个人争取利益极大化的假设下,人类自取灭亡的理论难以构想,虽然我尝试过好几次。[2]我的老师赫舒拉发曾经以《力量的暗面》(*The Dark Side of The Force*)作为他一本书的名字,这本书可以解释博弈理论今天在行内的盛行。我不赞同这个取向,因为我相信经济解释首要的,是辨识可以观察到的局限变动。所幸的是,以中国的经济改革而言,"力量的暗面"还没有大行其道。不管将来如何,一个古老而伟大的文化终于从深邃的黑洞中走出来了。我说过,这篇文章要回答的问题是:中国究竟做对了些什么,才出现了大家见到的壮观"表演"呢?

---

① 见 Steven N.S. Cheung, *The Theory of Share Tenancy*, Chicago: University of Chicago Press, 1969, pp.32—34。

② 张五常:《从全球暖化说人类灭亡》,载《壹周刊》2007 年 2 月 22 日;张五常:《世界末日好文章》,载《壹周刊》2007 年 3 月 8 日。

四、 承包责任合约的演进

让我再次强调：中国经济改革的重点，是要把等级界定权利转到以资产界定权利的制度中去。这是说，约束竞争的方法要改变。从前文提出的广义的合约概念看，约束竞争的合约安排要改变。这些合约不一定是大家熟知的市场合约，但还是合约，因为规限着人与人之间在社会竞争中什么可以做、什么不可以做。

要怎样才能把等级界定权利的制度转到资产界定权利的制度去呢？先不论意识形态与政治考虑，20世纪80年代初期出现的一个大困难，是这个转移意含着收入的分配要重新洗牌，既得利益分子不会接受。我当时的希望是，制度开始变换时会立刻导致总收入的跳升，以致收入排列位置下降了的人的收入还可以有增长。这收入跳升真的出现了：1983年，中国南部有几个地区的增长率达50％以上。虽然如此，制度的变换还是惹来此前的得益分子的反对。1985年4月，我建议国家出钱把等级权利买断。①这建议带点幻想而又明显很困难，却出乎意料地得到北京的一些言论支持。可是把等级权利买断终究没有出现。

另一种补偿的方法出现：贪污。1984年中期，贪污开始盛行。起初我是欣慰的，因为贪污是替代了早些时的后门交易。②这清楚地显示着等级排列的制度开始瓦解。但当北京于1985年公布计划把产品分类管制时，我立刻大声疾呼，说中国正在走上"印度之路"，指出如果

---

① 张五常：《官商的天堂》，载《信报》1985年4月12日，其后转刊于《中国的前途》。

② "后门交易"是指偏袒的买卖。这些交易不是贪污，而是基于不同的等级排列有不同的权利。没有犯法。见张五常：《贪污的后患》，载《信报》1985年1月30日，其后转刊于《中国的前途》。

贪污的权利被管制法例界定了，中国的改革会停顿下来。①警告之下，北京的支持声浪变得强大了。产品分类管制是放弃了的。

我不同意一些人的看法，他们认为在管制法例下的贪污对经济发展有利。中国的经验不支持这个观点。贪污与经济增长之间的反向关联，推翻了贪污对经济有贡献的说法。但是，如果一定要说一点贪污的好处，那就是用金钱补偿特权分子或减少他们对改革的抗拒。我也不同意中国今天的贪污无所不在的观点，仍然普及，但比起 20 世纪 80 年代与 90 年代初期，贪污下降了不少。我认识不少干部对自己的工作引以为傲，足以推翻贪污无处不在的说法。自 1993 年起，肃贪的行动有看头，而我将指出，肃贪是得到地区之间的竞争协助的。我认为比起其他亚洲国家，中国目前的贪污水平是偏低的。

从一种以合约界定权利的制度转到另一种，过程的初期，中国幸运地得到一张有市价的合约协助，称为承包责任合约，用于农地功效立见。1986 年我写道：

> 那所谓承包责任合约，从最简单因而最完善的形式看，等于国家通过土地租约授予私有产权。这租约的年期可长可短，原则上是可以永久的。国家没有放弃土地的所有权，但使用权与收入权则为承租人独有。转让或出售可用转租的形式处理。政府的几种征收可以组合起来作为一个固定的租金，而因为这租金交给政府，就变为物业税。如果这土地租约是永久的，西方法律称 fee simple，加上租约可以自由转让，则称 fee simple absolute，是私产的最完善形式！②

---

① 见 Steven N. S. Cheung, "A Simplistic General Equilibrium Theory of Corruption", *Contemporary Economic Policy*(July 1996)。

② Steven N.S. Cheung, "China in Transition: Where Is She Heading Now?" *Contemporary Policy Issues*(October 1986).

追查承包合约的发展,我得到同事蔡俊华慷慨地提供他搜集了多年的详尽资料,让我于 1984 年发表了一篇关于农业承包的文章。①故事从 1958 年开始,人民公社在整个国家推行了。广泛的饥荒出现,而这悲伤的回忆持续了 20 年。为了减少饥寒交迫,人民公社引进了一连串的修改措施。首先是工分制;跟着是生产大队;跟着大队改为小队;到了 1978 年,承包责任合约开始出现。"承包"在中文中的意思,是"你担保完成由我指定的,你可以做你的事"。起初承包合约只用于生产队,1981 年伸延到农户中去,附带着指明的产出目标。到 1983 年,合约的条件改为农户担保交出一个定额,余下来的归农户所有。开始时官方的征收有好几项而又复杂,随着时日的消磨逐步简化,到 2005 年取消了农业税。有一段时期,政府有权以管制的价格购买农产品,这管制在 20 世纪 90 年代初期取消了。

承包合约在农业上很成功是没有疑问的。不同地区的农地以各区的人口平均分配,主要以人头算,而农地使用的转让过了不久就通过转包的形式出现。但当承包合约引进工业时,遇到不少困难。工业的运作中,机械资产会变旧,也可能被盗去,而法律上国家职工不可以解雇。为了考察这些困难的底因,深圳选出三个青年协助我。工业承包合约的真实样本,有求必送。他们带我到工厂视察。有了这些方便,我获得的却甚少。发展转变得太快,合约的条款不断地更改,使我难以找出有一般性的结论。

大约 1985 年,我强烈地建议把使用权与所有权分离,这样国营的企业能比较容易地私有化。②1986 年,我被邀请到北京的首都钢

---

① 张五常:《从"大锅饭"到"大包干"》,载《信报》1984 年 11 月 15 日,其后转刊于《中国的前途》。

② 详细的解释可见于张五常:《再论中国》,第二、三部分,共有九篇文章从 1986 年 5 月到 1987 年 3 月发表。

铁厂去研讨他们的承包合约安排。在他们的宿舍住了几晚，讲了一次话。16 年后——2002 年 4 月 22 日，我被邀请到中共中央党校讲话。该校的商学院院长到机场接我，途中说当我在首钢讲话时，他在座。他说事后每个听众都受到警告，说不要相信我建议的把所有权与使用权分离，和把界定了的使用权推到尽头。英雄所见略同，过了不久，使用权与所有权的分离成为邓小平说的"中国式的社会主义"的基础。

驶往党校途中，院长对我说，1986 年他不可能想象自己有一天可以拥有一台电脑，但现在是隔一年换一台新的。听到这些话，我感触无限。像我们这些上了年纪的人，知道没多久之前中国的情况，比起对过往知晓不多的年轻人，这些年发生的事更属奇迹了。从机场到党校是颇长的路程，我意识到这位上了年纪的干部对中国的奇迹感到骄傲，而国家必定有很多像他那样的人，在重要关头站起来准备拼搏。

五、 承包合约的扩张与县际竞争的兴起

承包合约用于农业是成功的，虽然要好些时日才简化为今天的可以转让的土地租约。在这过程中，执政者逐步减少了他们的操控，偏向于界定土地的使用权利。20 世纪 90 年代初期农产品的价格管制取消了，2005 年取消了农业税，使农业的承包成为不需要付税的长期租约。形式上还是承包。就是今天，农地的买卖称作"转包"。

把承包合约引用到工业去有困难。20 世纪 80 年代中期我考察这个项目时，主要的困难是工业的资产要折旧。维修保养与再投资的责任属谁，上头政府与下面国企之间常有争吵。我建议过一些

解决方案,包括发行可以转让的股票。①90 年代后期,发行股票开始实施,但主要是有垄断保障而有利润的国企。至于那些要亏蚀的无数国企,他们的资产净值早就下降至零。事实上,90 年代,执政的人要把亏蚀的国企免费送出去也不容易。

不同的时期有不同的困难。20 世纪 90 年代初期起,亏蚀的国企的困难再不是资产贬值——它们没有什么还可以折旧的了,而是要吃饭的国家职工没有补偿不能解雇。21 世纪开始,这些亏蚀的国企成功地近于全面私有化,主要的协助是地价上升了。这点我将会解释。

令人失望的工业承包的经验,到头来却提供了一个有巨大价值的主意。大约 1984 年,那所谓“层层承包”的合约安排在工业中出现。并不新奇,外间的工业称作“次承”,或称“分包”。西方称 sub-contracting,而众所周知,工业或建筑业的“subs”往往是好几层串连起来的。如果一定要在中国经济改革中选出一项关键的发展,我的选择是从 20 世纪 80 年代后期开始,农业的承包与工业的层层承包组合在一起。这是非常重要的成就:这组合不是引用到个别农户或个别国企,而是引用到有地理界线划分的地区去。我认为这是今天中国的经济制度的重心所在。

一个长期不断地跟进这个制度的发展的人,可能觉得非常复杂,但到后来尘埃渐定,则可以看到这制度是直截了当而又理性的。没有在其他地方出现过。虽然制度中的每一部分都不是新的,但组合的方法与形式是创新而又有效能的。

承包合约的组合引用到地区中去的初期,不同地区的安排往往不同,变动频繁,要到大约 1994 年这制度整体的共同特征才可以辨

---

① 见前注的文章,及张五常:《中国的经济革命》,香港:花千树出版社 2002 年版。

识。我开始领略到这制度有超凡之处，是 1997 年我到昆山考察那里的发展。地区之间的激烈竞争是我前所未见的。2000 年通缩终结，地区竞争的惊人活力使我震撼，但我要到 2004 年的年底才能解通这制度运作的密码。

不怀疑执掌政权的人有本领，但我认为今天的中国制度不是个别天才想出来的。这制度是被经济的压力逼出来——有那么多人要吃饭，改革的浪潮震耳欲聋。处理当时的风起水涌，指导的原则可不是邓小平说过的名句"摸着石头过河"，而是寡言的邓老曾经说的"试一试，看一看"。

在细说这地区的竞争制度之前，我要澄清一些名词。每个地区当然有它的专有名词，但它们的普通名词——市、镇等——可以有混淆。有些普通名词不同是因为起名于不同的时间，也有些经特别处理，直接由北京管辖。我喜欢用自己的地区分类，是干部朋友之间一致认同的。

中国的地区从上而下分七层，每层由地理界线划分，下一层必在上一层之内。最高层是国家，跟着到省，到市，到县，到镇，到村，最后到户。这七层是从上而下地以承包合约串连起来的。上下连串，但左右不连。地区竞争于是在有同样承包责任的地区出现，即同层的不同地区互相竞争。

经济权力愈大，地区竞争愈激烈。今天的中国，主要的经济权力不在村，不在镇，不在市，不在省，也不在北京，而是在县的手上。理由是，决定使用土地的权力落在县之手。北京中央与次一层的省政府提供关于土地及其他经济政策的指导，有权更改地区的划分界线，有权调动地区的干部或把他们革职，也可以把不同地区的税收再分配。

一个发展中的国家，决定土地使用的权力最重要。没有土地就没有什么可以发展。土地得到有效率的运用，其他皆次要。如果在竞争下土地的租值上升，经济是在增长。科技的改进与资产及知识的积累当然重要——目前中国正迈步向这些方面走：私营的科技研究投资的增长率，今天的中国冠于地球。然而，如果人民吃不饱，科技及投资是没有什么用场的。处理好土地的使用，让广大的群众脱离饥寒交迫之境，经济会因为有储蓄、投资与科技改进的支持而上升。

竞争的激烈程度决定着土地使用效率的高低。人与人之间竞争、户与户之间竞争、机构与机构之间竞争——传统的经济分析，这些是所有的竞争了。中国的情况，是在同层的地区互相竞争，而因为县的经济权力最大，这层的竞争最激烈。以我之见，多加了一层竞争是回答我说的"中国问题"的重要新意。

"县"往往被翻译为"郡"（county）。这是不对的。在中国，"市"的面积很大。平均一个市有 8.6 个县。2006 年底，官方的统计，是整个国家有 2 860 个县（或是同等级别的地区），各有高度的关于土地使用及日常经济决策的自主权。县的平均面积约 3 000 平方千米，但差异很大。人口稀少的西部，县的面积一般是庞大的。人烟稠密的东部，县的面积约 1 000 平方千米。我估计县的平均人口约 45 万，差异也是大的。①

中心问题仍在：为什么县与县之间的竞争会是那样激烈呢？其他国家不是也有不同层面的地区划分吗？在中国经济制度的合约结构中，究竟是哪些基本因素促成地区之间的激烈竞争的局面，从

---

① 通过承包合约而把经济权力授予县，这几年出现了一个有趣的议论：中国应该取消城市吗？赞成的认为，经济权力落在县之手，但行政级别却是城市的干部较高，冲突不容易避免，这会扰乱整个制度的运作。这个复杂的话题，我没有跟进。2007 财政年度起，县直接汇报财务事项到省政府，跳过了市，但其他权力还是市高于县。

而出现了大家都见到的近于奇观的经济增长？

六、 县制度的佃农分成

中国的经济改革可分阶段看。第一阶段大约从 1980 年到邓小平退休的 1992 年。这阶段的发展，主要是从以前的等级排列权利转到以资产界定权利那边去，以 1987 年 12 月 1 日深圳拍卖土地（国家首次）为高峰。这拍卖是出售长期的土地使用合约，没有私人所有权。该市的干部说是依照我的建议：早些时候，我对他们解释，出售土地差不多是唯一能让他们获取足够资金来发展该市的办法，而他们要让私营的发展商人表演专业的运作。[①]

在这阶段，经济发展集中在中国南部的珠江三角洲。开放改革之前，这地区相对遭到漠视或贬低，庞大的国营企业或政府保护的垄断机构寥寥无几。香港的商人或投资者身先士卒，带进资金、科技与管理知识。相比之下，当时的长江三角洲，有权有势的国企抗拒竞争，与南部只需几天甚至几个小时可以获得私营的商业牌照相比，是两回事。

在长三角，市场的冲击大约始于 1993 年。只八九年时间，长三角差不多所有重要的经济数字都超越了珠三角。这是中国改革的第二阶段，由朱镕基掌管经济。从 1993 年至 2000 年这七个年头，是中国的困难时刻：开始时通胀如脱缰之马，贪污广泛，人民币崩溃，跟着是严厉控制借贷与消费，重击贪污，再跟着是通缩与房地产市场兵败山倒。然而，就是在这些困扰的情况下，长三角出现了爆

---

① 1986 年 6 月，我发表了一篇分析卖地有三个好处的文章。深圳的干部喜欢该文，1987 年的春天请我去商讨。张五常：《出售土地一举三得》，载《信报》1986 年 6 月25 日，其后转刊于《再论中国》。

炸性的发展,其效应伸延到内陆的中西部。我们或可举出好些理由来解释这奇迹的出现,但我认为主要的原因是县的竞争制度刚好在那时形成,开始发挥效应了。

在情在理,在上述的恶劣经济环境下,长三角要超越起步早十年的珠三角是不可能的,但却发生了。①我的解释是那 1994 年形成的县制度在长三角运作得较好。在南方,私营的企业已经在早前的合约安排下落地生根。工厂到处乱放,既不整齐也不清洁,但投资者是下了注的。换言之,南方缺少了土地使用的调整弹性,减少了县与县之间的竞争效能。不是说南方的县不竞争,而是他们没有北方那种调整土地使用的大弹性。这经验也教训我们,不用政府策划而单靠市场必然较有效率的看法是错的。世界级的工业园在长三角一带冒起,美观的园艺与现代化的设施,是例行地由县的干部策划。他们是为市场策划的! 他们知道好东西会卖得较好。他们也知道,如果策划的卖不出去,可能被革职。

在县与上头之间有一条分配收入的方程式,对鼓励竞争很重

---

① 1988 年的秋天,我带弗里德曼夫妇游览长三角一带。米尔顿见到小贩在烂泥路上经营是高兴的,后来在北京会见总书记时,他对书记说街头小贩要贿赂才能拿得牌照。苏州的干部带我们去参观那里的乡镇企业,是令人尴尬的。晚宴上,苏州的一位副市长与米尔顿争论国营企业的优越性。1993 年的秋天,我再带弗里德曼夫妇到中国。上海的一条大街灯火通明,当我们的旅游大车经过随行的黎智英的商店时,大家一起鼓掌。弗氏夫妇 1998 年再到上海半天,米尔顿不相信自己见到的。夫妇的中国行有两个插曲这里要存案。其一是我给米尔顿上了一课中国经济学。1988 年在上海,在街上走,见到街上一个小贩卖饺子。我拿出钱包,但发觉单是钱不管用,还要粮票。一个过路的人见我跟小贩争议,送给我一小叠粮票。我大喜,米尔顿问我为何那么高兴,我说:"那位先生免费地给我这些粮票。你可以想象粮票一文不值吗? 这个城市将要爆炸!"果然爆炸。第二个插曲是米尔顿输了一次辩论! 1993 年在成都,四川的省长接见我们。米尔顿教该省长怎样改革才对,说要斩掉老鼠的尾巴,不要一寸一寸地斩,为了减少痛苦,要一次过地把整条尾巴斩掉。省长回应:"教授呀,我们这只老鼠有那么多条尾巴,不知要先斩哪条才对。"米尔顿不能回应。伤感的是,那位省长今天不在了。是个勇敢的人,以大胆批评知名,听说后来他得不到北京的支持了。

要。简略地说,发展初期,是下面承包地把一个固定的款额交给上头。往往引起争吵,因为发展得好而要交得多的地区认为是被剥削了。分成的安排于是引进,争吵又出现,因为不同的地区要上缴的分成率不同。

这就带来1994年的一项重要发展。从那时到今天,一个地区或县的工业投资者要付17%的产品增值税,而这个税率是全国一致的。县本身的分成,是此税的1/4,也即产品增值的4.25%。另一方面,一间小企业可以选择支付4%至6%的商业税(视乎企业的性质而定)来代替。利润或所得税是有钱赚才交,这里我们不管。我们的讨论也可以不管商业税——没有利润也要付的。增值税给政府带来最高的收入,县干部最关心此税。我们的分析集中在增值税:产出价值扣除原料与其他一些琐碎费用之后的17%。

问题是增值的17%的抽取究竟是税,还是租呢? 我认为是租而不是税。有两个理由:其一是任何投资者,只要用土地或房产从事生产的,都要付此税。其二是只要有产出,不管有没有利润,都要付此税。

1986年我写道:

> 在古时的中国,正如中世纪的欧洲,"租"与"税"的意思是相同的。当一个收租的封建地主负上一个"政府"的责任主持正义与提供保护时,收租就称为抽税。[1]

争论是租还是税有点无聊,问题是在经济学的传统中,说争取

---

[1] Steven N.S. Cheung, "China in Transition: Where Is She Heading Now?", *Contemporary Policy Issues* (October 1986).

最高的税收必遭批评,但说争取最高的租金收入则往往被认可。真理是,有经济效率的土地使用,租金一定要算,不管是由地主还是由政府收取。收得的租金要怎样花是另一回事。我的论点是,如果土地全部使用,在县与县之间的竞争下,争取最高的总租值是与高效率一致的。这不是说投资者会因而无利可图。他们预期的收入,除去要上缴的租(税)之外,要足以弥补利息成本,而如果因为他们的投资而经济增长了,他们的收入可以高于预期。事实上,大部分的投资者在县的制度下收获甚佳,尤其是 2000 年之后。这是说,经济增长带来的土地租值上升,意含着的收入增加会落在投资者、劳工与农民的手上。纵观 2003 年开始的农产品的相对价格上升,上述的收入增加很有看头。

全国一致的 17% 的增值税是与不同的地区多番商讨后才达到的。明显是分成租金,所以明显地是佃农分成制,一方面是投资者与县政府分成,另一方面是县与上头高层分成。这里有一个分析难题困扰了我好几个月。四十年前我发表《佃农理论》,其中偏离传统的一个要点,是我让分成的百分比变动来推出有效率的结论。亚洲的农业资料明确地显示,佃农分成的比率会因为土地的质量与地点不同而有相当大的变化。然而,这里提到的增值税,是分成租金,却是全国用同一的税率。怎么可以有经济效率呢?如果没有,中国的经济怎么可以在这分成安排下加速增长?

一天晚上我突然想起读研究生时读到的一个马歇尔的注脚,立刻去找它。马歇尔认为与固定租金相比,分成租金无效率。但他补加了一个注脚:

> 如果佃农分成的地主能自由地为自己的利益调整资本,并且与佃农协商,指明农作劳力的投入量,几何上可以证明,地主

会这样调整来强迫农户的耕耘密度与在英国的固定租金制度一样,而地主的分成收入,会与固定租金相等。[1]

这注脚我当年作出如下的回应:

> 马歇尔没有提供几何证明,如果试证,他会否更改这个注脚是有趣的猜测。这猜测有趣是因为他想象的效果,在一些特殊的情况下是对的,但一般而言却是错了。因为马歇尔不让分成的百分率变动。[2]

基于马歇尔的注脚与我的回应,假设县政府是地主,我问县的资本投入,要多少才能担保一个不变的分成率会一般地达到有经济效率的情况。2004 年底我找到的答案,是县向"佃农"分成的投资者收取的地价,可以是负值!把土地视作地主提供的资本,可以用负地价代表地主提供着无限的调整机能,只要分成的百分率落在一个不离谱的范围,在这机能下有效率所需的边际价值相等的条件永远可以达到。

说负地价,我的意思是当一个投资者到一个县考虑投资产出,县政府不仅可以免费提供土地,也可能免费为投资者建造厂房,或把若干年从投资者交出的增值税中的县的分成的一部分,送给投资者。当然,不是所有的县都值得投资,例如设厂于荒山野岭没有意思。社会利益不论,负地价可以去到的尽头,是县的税收足以填补

---

[1] Marshall, A., *Principles of Economies* (8th ed.), London; Macmillan Co. 1956, p.536, note 2.

[2] Cheung, *The Theory of Share Tenancy*, Chicago: University of Chicago Press, 1969, p.45.

收回农地与改进为工商业用途的成本利息。这方面,下一节会再分析。

2006年北京开始禁止某些县用负地价,原因可能是中国的人口分布过于集中在热门地带,而为了长远的发展,略为平均的人口分布可能较上算。这话题我写过,但没有提出解决的方案。正如科斯和我在分析公司的本质时提及,有些事情是没有市场价格指引的,错误的决策往往只能事后才知道。

七、 分成方程式的效果

2005年的一个晚上,一个遥远的县的县长给我电话,说他碰巧到了我家邻近,要来倾谈一下。进门后,他脱掉鞋子,躺在沙发上好一阵,然后问:"教授呀,可否给我一杯葡萄酒?"当然可以。

我知道发生了什么事。这样的县干部,全国东奔西跑寻求投资者。当一个招商集会在某城市举行,消息传出,无数的县干部会闻风而至。这些日子一个县干部一个晚上吃几顿晚餐是寻常事。

一个30万人口的县往往有500个招商员。2005年,安徽某县举办选美比赛,要选出美丽、迷人而又懂得说话的女士作招商队长。舆论哗然,县长回应:"美丽是资产,不利用可惜。"

需要一个商业牌照吗?县政府会派人代你奔走。要建筑许可证吗?他们给你担保。不喜欢那不洁的小溪流过你的场地吗?他们可能给你建造一个小湖。他们帮你找设计师,找建筑商,而准备投产时,会协助你聘请员工,收的费用合理。是的,县有招工队,替投资者招工。他们会向你推销他们的廉价电力,推销他们的公园与娱乐,推销他们的方便交通、水电供应、光辉历史。

中国地区之间的激烈竞争,外间没有见过。为什么呢?一个因素是分成的方程式。这里谈此式，其他过后才说。

说过了，投资者要付 17％的产品增值税。县取此税的 1/4，即产品增值的 4.25％。土地出售的收入，如果是正数，县收 75％，25％上交。这百分率不是一致的：地点较佳的县，分账率会较低。我遇到过的县干部，没有谁管上头层面怎样分他们上交的。

土地的成本不低。有两部分。第一部分是农民交出农地要受到补偿。用 5％的折现率，我估计 2006 年这补偿是 3—5 倍农地租值的折现。县政府与农民的争吵有所闻，但不是媒体报道那样普遍。有时县干部从中骗取私钱，而缺乏资金的县可能欠农民一段长时日。

把农地改进作工商业用地的开发成本更高。2006 年，成本约 6 万元人民币一亩（660 平方米），大约比补偿农民高一倍。这些改进包括建造马路，引进电、水、煤气、排污、电话电视与电脑的线路、路灯、园艺等。这些改进是土地出售之前做好的。今天，就是档次较低的新工业用地，也比我熟识的在美国华盛顿州的好。最高档次的，例如苏州工业园，是我见过的最好的了。中国的农民是超凡的种植能手，而你斗不过阿瑟·刘易斯（Arthur Lewis）说的"无限"人手供应：园艺工人每天的工资 5 美元。[①]

2006 年我作过估计，用一个发展略有看头的县的资料，得到如下的结果。假设一块工业用地上建容积率 0.8 的厂房，投产时用最

① 这是 2004 年的数字，在中国历史上农民的收入增长得最快的时刻。日工资 2007 年升至 8.5 美元左右。这个数字在不同的地区有差别。从 2003 年到 2005 年，我摄得的作品让我出版了七本摄影集。因此，虽然我对中国农民生活的衡量与他的报告相差很远，但也是基于漫长而又集中的实地调查所得，方法跟 1972 年我在华盛顿州调查苹果与蜜蜂时用的一样。见 Steven N.S. Cheung, "The Fable of the Bees: An Economic Investigation", *Journal of Law and Economics* (April 1973), pp.11—33。

常见的劳工密度，县政府每年拿得的产品增值的 4.25%，大约是工业用地的总成本的 12%。不包括行政费用，可见一个县可以把工业用地送出，再补贴投资者一点，还不用亏蚀。

毫无疑问，在同一县内，同样的工业用地同期出售，地价可以很不相同。除了引起非议的偏袒成交，地价不同不代表价格分歧。县的干部要选择投资者。他们要争取的不单是增值税，还要顾及投资者带来的声望，要顾及行业是否与县里的其他行业合得来。不难见到，当一个投资者的项目可以引进很多其他好处时，县政府卖地的负地价可以跌到增值税的收入低于填补土地成本的利息。

县的干部可能贪污，但多年来我没有遇到一个愚蠢的。他们知道土地与土地之间的边际社会收益要相等才能为县及为自己取得最高的收入，如果同样的土地售价相同，他们的目的不可能达到。他们也知道准确的判断非常困难，所以常派调查员到有成就的县去考察。跟县干部的多次倾谈中，他们的常识与他们永远关注着互补性、招徕力、交通水电、娱乐等事项的意识，令我难忘。我不是说县干部从来不贪污，但我没有遇到过一个投资者不认为自己有特别的关系可以利用。

让我再说，虽然增值税率与此税的摊分率是全国一致的，其他的分账率并不一致。土地出售所得的分账率不一。不热门的县，此率要高一点才能填补土地的成本。方程式中的分账奖金也值得一提。如果投资者是来自国外的，以他把钱放进指定的银行算，我知道一个县的干部会分得 1.5%至 2%。奖金是投资的 1%。这些其实是佣金，由县干部分享。早期条件欠佳的县的奖金高达投资额的 5%。发展有成，逐步减少。有一个热门地区，奖金是投资额的 0.05%。这个奖金分账率可以商议，正如房地产交易的佣金在中国可以商议。我倾谈过的县干部多数认为，奖金率足以鼓励他们东奔西跑。

八、县现象的经济解释

县与县之间的激烈竞争不寻常。我认为那是中国在困难的 20 世纪 90 年代还有急速发展的主要原因。大约 2004 年越南把这中国制度抄过去,那里的经济也起飞了。这制度不难抄袭,但需要当地没有顽固的利益阶层,也要有像中国共产党那样的组织来推行。像朝鲜与古巴那样的国家,成功的概率很大。

不难抄袭,但解释却非常困难。不容易明白为什么这制度运作得那么好。我只用一个晚上就打开了佃农分成之谜,却要三年的长日子才能解通中国的密码。困难所在,是我们面对的是个复杂的合约制度,此前没有见过。演变迅速,过程中不同的地区有不同的安排,要到尘埃渐定才依稀地见到一个可以理解的图案。要长时日才能看到关键的要素,而当我认为找到了这些,另一些重要的碎片还是缺少了。跟进中国的经济改革学得很多,使我对合约与交易或制度费用的理解提升到一个新层面,让我能用有一般性的理论去找寻那些缺少了的,然后把碎片组合,砌成一幅看得明白的图画。

让我从 1969 年的春天说起吧。当时科斯和我到温哥华参加一个渔业研讨会议。在座有人提出,因为公海的鱼一般游很远,渔业私产化公海要独占,所以要有垄断权;这样,市场的鱼价会是垄断之价。我立刻回应:"如果地球上所有的农地都是我的,我一定要分租给无数的农户耕耘;农户之间会竞争,所以农产品之价必定是竞争市场的价格。"

名义上,今天北京是地球上最大的地主,拥有中国天下全部土地的所有权。他们把土地以 50 年长约租出,2007 年公布租约期满后自动续约,指明政府有特别需要时可支付补偿来收回土地。他们接受了使用权要清楚地界定为私有,也知道要广泛地这样做,于是把有了界定的使用权下放,达到每户每家。为了维护有秩序的权利下放,他们知道承包合约可行,在经济压力下层层承包的合约安排就出现了。今天一个局外人拿着不同地区层面的文件研究内里的法规条文,很难看出字里行间意含着的是一连串的承包合约。这些文件其实是早前的承包合约经过了修改而演变出来的。

不同的地区层面是垂直或上下串连,同层或左右不连。这是同层的地区互相竞争的一个主要原因,而由于县的经济权力最大,这一层的竞争最激烈。火上浇油的是,权利界定的原则无处不用。县的地理界线划分当然清楚,而县干部的权力与责任的划分来得那么清晰,今天的县无疑是一级的商业机构了。性质类同的商业机构互相竞争,是县与县之间激烈竞争的另一个理由。

此外,县干部的奖赏按成绩算。政治游戏与贪污无疑存在,但这些行为,就是先进之邦的市场经济中的大商业机构也有。除了前文提到的奖赏方程式,县干部的应酬费用相当慷慨,视乎那个县能赚多少钱。每个干部可以按建筑成本作价购买一间住所,而工作成绩好有机会升职。有一个流行的“五十六岁的假说”:60 岁退休,到了 56 岁而积蓄不够,干部贪污的倾向就会上升。他们也告诉我,能干的县干部不乏外间的商业机构“招手”,因为管理一个县其实是管理一盘生意。

1994 年全面引进的产品增值税,又再火上浇油。那是佃农分成。我早期的论著指出,在佃农制度下,地主关心农户的操作履行比固定租金为甚,因为地主的收入如何要看佃农的工作表现。[1]一

---

[1] Cheung, *The Theory of Share Tenancy*, *Chicago: University of Chicago Press*, 1969, pp.72—79.

个鲜明的例子可以示范县与县之间的热烈竞争，那就是购物商场。一个县可以视作一个庞大的购物商场，由一家企业管理。租用这个商场的客户可比作县的投资者。商场租客交一个固定的最低租金（等于投资者付一个固定的地价），加一个分成租金（等于政府收的增值税），而我们知道因为有分成，商场的大业主会小心地选择租客，多方面给租客提供服务。也正如商场给予有号召力的客户不少优惠条件，县对有号召力的投资者也提供了不少优惠。如果整个国家满是这样的购物商场，做类同的生意但每个商场是独立经营的，竞争的激烈程度可以想象。

比起上述假设的购物商场，县的制度对鼓励竞争犹有过之。这是因为县要对上层交代或报告。上层不仅鼓励竞争——他们强迫竞争的出现。说到底，75％的增值税是上层收的。这是层层承包助长竞争的激烈性的原因。

让我们回到承包责任这个制度去深入一点地理解县与县之间的竞争。这个制度演进时，使用权的界定——因而有私产——织进了市场合约中。从科斯的定律看，市场的运作分两步：第一步是界定私有产权，我的看法是以合约来约束资源使用的竞争。第二步是市场本身的出现，通过有市价的合约来交换资源的使用或产品的权利。

承包责任制是另一种安排。使用权的界定与市场成交是结合在同一合约中的。一个投资于县的人，通常只签一份几页纸的合约，里面说明土地面积、地点与地价，其权利和义务，以及双方履行责任的期限。地产证或地契要等投资者的钱汇到指定的银行几个月后才拿得。签好了的合约可以转让，但如果投资者要到银行借钱，有地契在手就比较方便了。

问题是为什么跟科斯的分两步处理相比，把产权组合进市场合约会增加竞争的效应呢？答案是在组合的安排下，投资者要履行责任。除付钱之外，投资者要在合约指定期间履行指定的项目才能获取土地的使用权。这就是说，付价之外，承包合约是授予值得的优胜者。当然可能有错误的判断，而取巧的投资者不罕有，例如只建造围墙而不再建什么。地价下跌之际县干部可能忙顾左右，但当经济转热，他们会收回不履行合约的土地。当大跌了的地价在 2000 年掉头上升时，不少投资者哭出声来，但履行合约的却在偷笑。

上述的组合安排不是中国独有的。正如科斯指出，好些国家的租约或雇用合约往往有类似的安排，而我在上文指出购物商场的合约安排很类似。我也曾指出，中国的县制度的每一部分都不是新的。新而且重要的是这些部分的组合，通过承包责任合约的扩张：使用权的授予是换取履行，而这基本原则到处使用。尤其是，在工业发展中，政府机构与私人企业之间的合约安排，通过上述的组合、佃农分成与层层承包的串连，是令人敬畏的经济力量带来的效果，在一个有超过十亿贫困人口的时代，领导者既有勇气也有智慧去执行"试一试，看一看"这个原则。

通过串连承包合约而形成的权利结构，使我联想到一个国家的宪法，但在中国，这合约结构中的条件可以商讨，所以安排的弹性比较高，而一般来说，中国的安排的市场倾向，远比我知道的其他国家的宪法明显。2004 年 2 月，我发表了《还不是修宪的时候》，试图阻止当时正在进行的修宪工作。①当时我指出，中国的经济制度既特别又重要，北京要先研究这个制度的性质，指出重要的环节，然后写进宪法。

---

① 张五常：《还不是修宪的时候》，载《信报》2004 年 2 月 16 日。

九、　县际竞争的其他效应

这些日子,读中国媒体报道的经济政策要小心。撰稿的人不是说谎,但往往误导,因为他们一般不理解中国的经济制度。县有相当大的经济决策自主权,很多时候没有执行北京公布的政策。最低工资的引进,在不同的县有很大的时间差别,而一些县只说它们有最低工资但不强迫。当北京宣称70%的新建公寓单位要约束在90平方米以下时,一些地区公布有一两个这样的项目,其他地区则置之不理。报章的头条说一个外来的人不能购买超过一个住宅单位,深圳目前执行,上海说没有听说过。①

这不是说北京失控。但地区干部知道哪些真的要执行,哪些只是投石问路。他们懂得衡量传达下来的文件有多认真。北京常常征求地区的意见,而推出的政策可能悄悄地取消但没有公布。有些村落有民主投票,有些没有,而投票引进的时间很不相同。

我认为上述的混乱画面可不是真的混乱,而是起自地区的自主权与它们之间对政策的取向有别。一个县是否把一项政策用作粉饰橱窗,考虑的是这项政策是否有助它的竞争。为了增加县的产品增值税收,为了生存,县干部要引进投资者,他们知道劣政会把投资者赶走。如果北京坚持要执行一项政策,县会接受,但如果这项政策有损地区的利益,它们会投诉。投诉够多往往有效。

县制度的权力结构发展到今天,是不容易拆除的了——这是支持者可以乐观地认为快速的经济增长还可持续一段时日的主要原

---

① 2007年11月,上海也引进这项规定,但该市的不同地区各自有法避开。可以说,上海没有真的执行这个规定。深圳起初是严厉执行的,过了不久可以用大约4 000美元购买另一条通道,后来楼价大跌,政府忙顾左右。

因。困难在于地区无权过问的事项：货币制度、外汇管制、对外政策、言论与宗教自由、教育与医疗、传媒通讯，以及庞大的国企。

我担心北京对这个经济制度的运作理解不足，因为有迹象显示，北京正在尝试改动这个制度。[①]我认为只要把这个制度精细地调校一下，就会变得坚固了。正如我在 2004 年 2 月的长文中指出的，层层承包以分成合约串连，在最理想的安排下，任何一个单位或分子的界定权利受到侵犯，某种程度上整个连串的所有分子都要付出侵犯的代价。

因为地区或县的竞争，中外合资的合约发展成为一种特别的专利使用合约，每项的使用费可以不受管制地汇到外国的银行。我曾经研究过发明专利的使用合约好几年，知道监管这些合约的履行很困难，但以合资合约从事，有外来的作为董事在场监察，收钱就容易得多了。这是外资蜂拥到中国来的一个原因。

因为县的竞争，工业类聚的集中发展非常显著。中国的产品如今泛滥，但外间的人很少知道工业的地区集中与专业的程度。

因为县的竞争，国营企业的私有化压力加速。世纪转换，地价的上升大大地协助了私有化的进程。较高的地价让地区政府有钱补偿解散的国家职工，移开了最大的障碍。国企的买家会把原先位于市区的物业出售，搬到地价较低的工业区去。长沙的国企私有化的速度可能破了世界纪录。

县的竞争也协助了减少贪污。有同样条件的地区，只有无知的投资者会到一个贪污知名的县"下注"。有经验的投资者知道贿赂

---

① 2007 年 1 月 1 日，北京给县增加了两项规定。其一是显著地提升了收回农地时给农民的补偿。这是判断性的。其二是出售任何用作建筑的土地，要通过拍卖。原则上，后者对县制度的运作不利，但有躲避之方。县会把土地的投资项目写得特别，广告若隐若现，通告时间缩短。这样，协商好了的投资者通常是拍卖的胜出者。

是一项成本,早期在中国南方的厂家例行地把这些成本算进产品售价之内。不是所有贪污都消失了,而是与 20 世纪 90 年代初期相比减少了很多。跟我谈过的干部都同意县与县之间的竞争有助减少贪污。

最后,我认为过去 10—15 年的合约选择的高度自由——除了上文提到的地区承包合约的串连——也是县际竞争的效果。合约选择的弹性够高,使 20 世纪 90 年代的中国免于经济衰退。

余下来还有一个问题:总有一天,农地转作工商业用途的边际价值会下降至均衡点。可能十年之后吧。今天我们见到的县与县之间的激烈竞争会消失吗? 答案是这竞争的转弱会出现。然而,有县制度的存在,竞争会转到其他方向去。最可能的新竞争目标是科技的发展。为此我曾建议北京的朋友要紧握增值税,因为科技的引进是最有效的增值法门。

十、 中国的货币制度与人民币的兴起

朱镕基是个精明的人。一般而言,从 1993 年 7 月到 2003 年 3 月,他是中国经济的舵手。表面看他是个计划经济者,也是个不相信市场的人。1995 年我批评他处理通胀的方法,后来以文章及在电视公开道歉:他对,我错。

我们不能以一个改革者的言论甚至行动来评价他的政绩。他的成败只能以效果衡量。这样量度,朱先生可以拿满分。看似权力欲强,但在他担任国家总理时,中央的权力是大幅地下放了。不相信市场,但他在任时国内的市场变得那样彻底地自由,就是崇尚新古典的经济学者也会感动。你可以指责市场有假货,但产品质量的急升大可与当年的日本一较高下,而市场的合约,无论产品的或劳

工的,显示着的自由在其他地方难得一见。

1993年,中国的通货膨胀加剧,人民币暴跌。我在该年5月21日发表文章,说控制货币量不会有效,因为无法做到。[1]我指出困难所在,是中国的银行乃"出粮机构",有权势的人可以随意"借"钱。于是建议,中国人民银行要负起一间正规中央银行的职责,不提供任何商业借贷。更重要的是,以权力借贷的行为要杜绝。

1993年7月1日,朱镕基接管中国人民银行。在职仅两年,但他创立了中国货币制度的架构,并一直监控着这个制度的运作,直到2003年3月从国家总理的职位退休。1995年他把中国人民银行转为正规的中央银行。他控制通胀的方法,是直接地约束借贷与消费,把人民币与美元挂钩。我当时对他的约束办法有怀疑,但也认为可能是斩断权力借贷的唯一办法。受到弗里德曼的影响,我反对人民币挂钩而不浮动。

1983年香港的财政司考虑港元采用钞票局的制度,让港元与美元挂钩,我参与了讨论。英国的查尔斯·古德哈特(Charles Goodhart)建议港元要下一个锚,而弗里德曼支持采用钞票局。人民币怎么办呢?20世纪80年代后期出现不少困难,90年代初期开始崩溃。我求教过米尔顿好几次,遇上任何关于中国的事,他的时间是非常慷慨的。

米尔顿之见,是像中国那样庞大的国家,不能采用钞票局制度。他认为我提出的把人民币与一篮子物品挂钩原则上可行,但费用会很高。他的选择,是中国采用美国的无锚货币制,严谨地控制货币量,让汇率自由浮动。

---

[1]　张五常:《权力引起的通货膨胀》,载《壹周刊》1993年5月21日,转刊于张五常:《二十一世纪看中国的经济革命》,香港:花千树出版社2002年版,第175—179页。

　　1997 年,亚洲金融风暴发生后不久,一组来自北京的经济学者邀请我到深圳会谈。他们对中国的前景很忧心。在讨论中我突然乐观起来,因为意识到朱镕基做对了。只三年,他把中国的通胀率从 20％ 以上调整至零,而当时的产品质量正在急升,通缩一定存在。我于是推论,亚洲的金融风暴是人民币突然而又迅速地转强的结果。当时大多数的亚洲国家,包括中国,都与美元挂钩,所以当中国的通胀骤然间终结,在国际竞争下挂钩美元的亚洲小艇纷纷脱钩,因为他们的币值是偏高了。①

　　一年之后,我更为理解朱镕基的货币制度。他的方法可以理解为把人民币下了一个可以成交的指数为锚。得到他的启发,我意识到一个国家的货币可以用一篮子物品的物价指数为锚,不用有真实物品的储备,条件是央行当局要有些外汇储备,必要时左右一下,而更重要的是不用货币政策来调控经济。把货币的用途限于货币现象,将汇率与一个可以成交的指数挂钩是不难维持的。

　　是市场合约的自由与弹性协助中国在 20 世纪 90 年代幸免于经济衰退的蹂躏。就是不算当时产品质量的急升,通缩率逾 3％,而房地产的价格下降了 2/3 以上。然而,失业率徘徊于 4％,增长率约 8％。分红合约与记件工合约当时盛行,协助了真实工资的自动向下调整。②再者,为了确保达到的 8％ 的增长率,朱镕基把市场全部放开,大力推行国企的私有化,放开约束劳动人口流动的限制,也

---

① 当时我没有发表这个解释,因为恐怕扰乱外汇市场。当这个解释 2006 年 4 月 27 日发表时,一位曾经专注于该金融风暴的北京朋友惊叫,说我的解释一定对。该风暴出现时,他和同事狂热地找解释,但后来回顾所有解释都不对。见张五常:《铁总理的故事》,载《壹周刊》2006 年 4 月 27 日。

② 分红合约有工资自动向下调整的机能。计件工合约同样的弹性,因为有新订单时计件工之价往往由劳资双方再洽商。见张五常:《制度的选择》,香港:花千树出版社 2002 年版,第四章第六节。

加速了经济决策的向下分散。上马时朱镕基可能是个市场怀疑者，下马之际他必定转为信奉市场了。

回头说中国的货币问题。2002 年在天津南开大学的一次讲话中，我说人民币是世界最强的货币——当时的黑市汇率还低于官价。[①]到了 2003 年 3 月，在一篇评论朱镕基退休的文章中，我说人民币那么强劲，两年之内西方国家会强迫人民币升值——那时黑市与官价汇率大致打平。[②]这样用黑市与官价汇率的互相运作来估计一种货币的强弱，1993 年与米尔顿研讨过，加上我跟进了地下钱庄的非法交易活动。这些活动的存在，北京当然知道。

外国施压要人民币升值，不是两年后，而是四个月。我坚决地反对人民币大幅升值。理由是如果要改进农民的生活，他们要被鼓励转到工业去。除非农民的生活提升到城市工人的水平，否则中国的经济改革不能说是成功。多个世纪以来，中国农民的故事永远是血，是苦，是泪与汗。记忆所及，这是第一次农民看到一丝曙光，而人民币汇率的大幅提升会消灭这希望。

1991 年我在斯德哥尔摩，参加科斯获诺贝尔奖的盛会，我对米尔顿说世界将会见到 10 亿至 20 亿的廉价劳动人口加入国际贸易，20 年后地球的经济结构会有很大的转变。这竞争来临了，而我关心的虽然是中国的工资低廉，比起印度与越南等地还是高出相当多。这些国家也发展得强劲，我当然高兴，理由简单：它们愈富有，跟它们进行贸易，中国赚的钱会愈多。然而，把人民币的国际汇值提升是"让分比赛"。很多农民到今天还没有见过真的飞机在天空飞行，人民币升值怎能改善他们的生活呢？

---

① 张五常：《以中国青年为本位的金融制度》，载《壹周刊》2002 年 6 月 24 日。

② 张五常：《令人羡慕的困境——朱镕基退休有感》，载《苹果日报》2003 年 3 月 11 日。

目前中国有无数的我称为接单厂家的工厂。它们既没有发明专利也没有注册商标，只靠客户交来样板与设计，有单就接。当一个订购者要求复制样板及开价时，这要求通常寄到多处，到几个国家也是常有的。我的观点，有大量的事实支持，是农民尝试工业一般由接单工厂做起，学到点技术与知识然后向上爬。感谢蒙代尔，他也曾多次反对人民币升值。

要清除人民币升值的压力不困难。与其愚蠢地压制人民币的需求——央行目前正在这样做，大可取消外汇管制，让人民币大量地流进国际市场。一种货币的下降与上升的压力是不对称的。有下降压力很头痛，但上升压力绝对不坏。让人民币外流，国家赚钱，而中国目前的外汇储备泛滥，有需要时可以容易地把人民币买回来。通货膨胀的担心可以用一篮子物品作为人民币之锚而解决。

得到朱镕基的启发，2003 年我建议，也重复过几次，人民币转用一篮子物品为锚，正确一点地说是以这篮子的可以成交的物价指数为锚。央行不需要有这篮子的物品存货。他们只要担保一个币量可以在指定的市场购得这篮子物品。

这个可以成交的指数容易调整，即物价的水平可以容易地调整。物品的选择与比重的分配要慎重考虑，做得对，通胀再不会是问题。把货币钩着一篮子物品，我多年前与米尔顿研讨过，而这思维与蒙代尔的货币观是一致的。朱镕基的经验显示，实践的成本不高，因为货币之锚只是个可以成交的物价指数，央行不需要持有这些物品。

北京考虑了我的建议良久，那其实是朱镕基的货币制度加上一点变化。这变化是向旁站开一步，避去与其他国家争吵，对它们说："我们是回复到古老的本位制，只是我们用一个可以成交的物价指数为锚，没有真实物品的储备。这是我们选择的确认自己的币值的方法,与所有其他外币的汇率是自由浮动的。"当然,要防止通胀,以一个可以成交的实物价格的指数为锚,远胜一篮子用纸造的货币。

央行没有接受建议,我不感到烦扰,但两三年来央行的操作使我担心。上述提到之外,我的感受是央行要尝试美国的无锚货币制。货币政策早晚会大手采用。这会大幅地增加央行干预经济活动的权力,到后来可能把县制度破坏了。

让我重复上文说过的一个重点:互相竞争的县的权利结构不容易瓦解。任何不明智的政策,侵犯了县的利益而县有权说话的,我不担心。例如我不担心价格管制或租金管制,如果这些管制出现,我敢打赌不是不被执行,就是执行也不会持久。我担心的是县无权过问的政策。这方面,货币政策居于首位。

十一、 结语

这篇文章我集中于中国做对了什么来解释它的经济奇迹,想着到结尾时说些负面的话来平衡一下,但写到结尾我不愿意这样做。如今是中国经济改革的三十周年。中国的传统教我们,一个人生日之际不要把污泥掷到他的脸上,现在不只是一个人,是一个曾经那么丰富而又有深度的文化。5 000 年前这文化产出的陶器与玉雕我们今天还没有本领复制出来。为这传统我感到骄傲,而任何研究过中国的历史与文化的人都会同意那是人类足以为傲的一个源头。今天,这传统是在复兴了。

这些年中央的政绩大可引以为傲。你可以详尽地批评执掌政权的人,但他们减少了那么多的贫困,工程之庞大与迅速,历史上从来没有出现过。我认为这样的成就不会再重复——不管是何地,不管是何时。

我坚信私产与市场对社会的价值,不止 40 年了。但我从来没有反对过中国共产党的存在。从第一天起我反对通过民主投票来改革。1983 年,第一次与一群老同志在北京会面时,我不客气地直言:"你们把国家搞得一团糟,要替我把国家修理好。"我们成为好朋友。伤感的是,他们之中多位已经不在了。他们后来做到的,远超我的期望。午夜思回,有时我幻想着要是这些老同志还活着,见到今天的中国,会有怎么样的反应呢?

中国共产党做出来的成果令我拍案! 政党历来有困难,困难多多。党员 8 000 万,要怎样安排党的职责与执行党规才对呢? 不可思议。

党领导与指挥了改革行动。然而,成功的主要原因还是中国的人民:刻苦,聪明,有毅力。只要能看到明天有希望,他们可以在今天忍受着巨大的艰辛。我不想在这里赞扬中国人,但我没有见过一个民族可以在那么恶劣的环境下那样拼搏。2004 年,我在国内的荒山野岭摄影,太太与一个在田中操作的妇人闲谈。这妇人说不久会有一日有受薪工作,雇主会以大车接送她及其他人到工业园去做园艺。天还未亮起程,天黑后才回家,带着面包与一瓶水,一天的工作可获 7 美元。我见她在笑,问她为何这般开心。她说生活改进了,有生以来她的植树知识第一次有外间的需求,而女儿刚在大学毕业,找到了一份很好的月薪 200 美元的工作。是像这个妇人的人,数以千万计,把国家建设起来了。

1979 年我发表第一篇中文文章,热衷地下笔是 1983 年的秋天开始的。今天在盛年的干部与企业家,那时是大学生。很多读过我写的文章,所以这些日子,作为一个老人,在国内所到之处,不愁没有免费饭餐吃。跟他们当餐对酒是乐事,我也从这些聚会中获得一手的资料来写这篇文章。这里我要感谢他们,也要再感谢他们的工作,把国家从漫长的黑洞推出来,见到曙光了。

流行的报道说中国的干部例行地贪污,不可能对。他们之中很多有智慧,对国家有贡献。一种竞争的风气使我想到 60 年代初期在洛杉矶加州大学做学生时的感受。在一组同学中大家知道或听过谁是谁,对大家的本领互相估计,然后玩成绩排列的竞争游戏。仿佛没有其他目的,只是要看谁能爬得高一点。

那位到我家来求喝一杯葡萄酒的县长是个例子。他工作拼搏,但工资低——每月约 300 美元,使我怀疑是什么驱使他奔走。是贪污钱吗?是升职吗?是声誉吗?我试图很含蓄地找出他的动力根源。过了好一阵他知道我要问的是什么,说:"教授呀,我只想为国家做点事。"不难想象,气氛环境适当,可以有很多像这位县长的人。

回头说中国奇迹吧。那史无先例的经济制度之外,我选两个现象为奇迹之首。其一是约 1993 年开始,长江三角洲出现了爆炸性的经济发展,延伸到国家的中西部去。这个现象出现的时期,开头有人民币的崩溃,有 20% 以上的通胀,跟着是 3% 强的通缩,而房地产的价格下降了 2/3 以上。其二是大约 2000 年起,通缩终结,农民的收入开始爆炸性地上升。从 2000 年至 2007 年,我的估计是农民的人均收入的年增长率,高达 20%。工作年龄的农民,四个有三个转到工商业去了。只要这趋势继续,十年后中国农民的人均收入会与城市的中等家庭打平。趋势当然不可靠,但如果真的继续,我的估计是 20 年后,中国的经济实力会等于十个日本。

结笔之际,我要对一个我批评过的人致敬。他是朱镕基。老师阿尔钦当年屡次提醒我,成功只能以效果而不是以热情来衡量。上述我排列为首的两项奇迹,都出现于朱先生掌管经济的时期。将来的历史不会忘记这个人。

企业家将决定中国增长潜力

张维迎 *

　　人类过去 200 年的经济史,其实就是企业家创业和创新的历史。企业家不仅为我们创造了物质形态的新产品、新技术,而且从根本上改变了人类的交往方式和价值观念。今天我们享受着 200 年前的人们想都不可能想到的产品和服务,世界变成了地球村,地理上的距离已不再是人类交流的屏障。据一些经济学统计,200 年前人类所能消费和使用的产品总数不过 10 的二次方到三次方,而今天的产品数量已到了 10 的八次方到十次方。从飞机、汽车、高铁,到电视机、电脑、手机、网络、刮胡刀、遥控器,等等,哪一件产品不是企业家创新的结果呢? 没有这些,我们今天的生活将是什么样

* 　张维迎,原北京大学光华管理学院院长、经济学教授,北京大学工商管理研究所所长,兼任牛津大学现代中国研究中心研究员。他积极参与中国改革实践。他是国内最早提出并系统论证双轨制价格改革思路的学者;他的企业理论、有关企业改革的理论成果,以及有关市场化经济改革的理论分析和政策主张,在经济学理论界、政府有关部门和企业界有广泛影响。主要著作包括:《企业的企业家—契约理论》《博弈论与信息经济学》《企业理论与中国企业改革》《通往市场之路》《什么改变中国》《市场的逻辑》《博弈与社会》等,另有数十篇中英文论文发表。本文系张维迎《论企业家——经济增长的国王》一书第三版序言。该书于 1989 年由人民出版社出版,2004 年三联书店再版,第三版由上海人民出版社于 2014 年出版。原文略有删节。

子呢?

人类的进步来自合作。200 年前,主导人类生活的是强盗的逻辑,是战争、掠夺和强权。今天,全世界大多数人口都生活在市场的逻辑中,分工和交换成为人类合作的主要形式,尽管强盗逻辑仍然不时干预市场逻辑的运作。而没有企业家,这样大范围的合作是不可能的。

一个国家和地区的经济是否在发展,人们的生活是否在提高,社会是否和谐,最关键的是这个国家和地区人口中的企业家精神是否能得到有效发挥,企业家是否在从事创造财富的工作。中国过去 30 多年之所以能取得举世瞩目的经济成就,大量农村劳动力转移到城市和工厂,最重要的因素是改革开放激活了中国人的企业家精神,让潜在的企业家变成现实的财富创造者。

一、 企业家的两个基本功能

下面我讲一下我们企业家究竟在做什么? 这也是《企业家》这本书总结的东西。简单地说,企业家就做两件事:第一是发现不均衡,第二是创造不均衡。我这样说有点学术性,但不难理解。所谓均衡就是说所有资源都得到了最有效的利用,货已畅其流,物已尽其用,人已尽其才,已经没有赚钱的机会,每一个企业得到的收入全部要支付成本,包括土地成本、资金成本、人力成本,没有经济利润可言。当然,你可以有会计利润,可以不给自己付工资,把自己本来应得的工资变成会计利润,但是没有经济利润。

当然,现实的经济通常不可能处于这样的均衡状态。所谓"发现不均衡",就是你能发现经济中赚取经济利润的机会,然后通过盈利机会的利用,纠正市场不均衡,使资源得到更好的配置。随着这种机会被越来越多的企业家利用，你的利润和盈利机会慢慢消失，以后又发现新的不均衡。所谓"创造不均衡"，是指这个市场已经很饱和，但是你能不能创造一个不均衡？也就是通过创造新的产品、新的技术，打破原来的均衡，找到新的市场，找到新的客户？当然这两个功能经常混在一起，不是截然分开的。我们从这两个方面来理解中国企业家过去做了什么，未来应该做什么。

（一）企业家的三种套利方式

首先我们讲一下发现不均衡。不均衡意味着有盈利的机会，所以发现不均衡就是"套利"。所有不均衡大致可以归结为三类：第一类是跨市场的不均衡；第二类是跨时间的不均衡；第三类是产品市场和要素市场之间的不均衡。我下面稍微详细讲一下。

跨市场的不均衡。所谓跨市场的不均衡，也就是同样的产品在不同的地方价格不一样。比如一斤橘子在四川卖 5 毛，在北京卖 2 块，你找到这样的机会就可以赚钱。利用跨市场不均衡套利赚钱的就是商人。

要想发现市场的这种不均衡，需要好多有关不同市场供求关系的知识。过去很多不均衡的发现是因为旅游产生的。比如《货殖列传》里讲孔子的学生子贡，就是利用贱买贵卖的方法在曹国和鲁国之间经商赚大钱。还有"红色资本家"阿曼德·哈默，本来是作为医学院的一名学生参加对苏联的人道主义救助，当时苏联处于饥荒时期。但到苏联之后，他发现那里有那么多稀有的动物皮毛和宝石，但苏联人没有粮食吃，而美国人有大量粮食要倒掉。所以他给哥哥发了一封电报：你给我收购多少万吨粮食，我给你收购多少吨皮毛。结果就赚了大钱，由此走上了企业家道路。

中国改革开放最早的私人企业家许多就是这样的商人,他们做的事情被称为"倒买倒卖"。这些企业家发现市场在地域之间的不均衡,通过倒买倒卖就能赚钱。我想柳传志先生一开始创办联想公司,也是因为发现了一个不均衡:计算机在国外那么便宜,到中国怎么这么贵?所以他做起了计算机贸易生意。还有像牟其中这样的"国际倒爷",用中国的纺织品换俄罗斯的飞机。这种企业家套利行为对经济发展是非常重要的。重要性在哪儿?就在于这样的企业家在市场当中传递信息,使资源得到更好的配置,纠正了市场的不均衡。但是我们注意到,当你发现市场不均衡,赚的钱越多,就越有人眼红,就会有越多的人跟进,随着时间的推移,赚钱变得越来越难,最后达到均衡时,就无钱可赚了。

跨时不均衡。所谓跨时不均衡,就是你预测某种东西未来会出现稀缺,价格会上涨,而现在这个东西很便宜。此时,你购买这些东西,囤积起来,到未来卖掉它。这叫跨时套利,也就是投机。

跨时套利很大程度上取决于企业家对未来的判断。如果你判断失误,不仅不能赚钱,反倒会亏损。设想在春天的时候,你发现由于病虫害或气候因素会导致小麦夏粮减产,那么,你可以选择以较低的价格购进小麦,等秋天以较高的价格出售。如果你的判断是正确的,你就可以赚好多钱。历史上有许多这样的例子,比如《货殖列传》中讲西周人白圭,喜欢观察市场行情和年景丰歉的变化。当货物过剩价格低廉时,他就收购;当货物不足价格较高时,他就出售。谷物成熟时,他买进粮食,出售丝、漆;蚕茧结成时,他买进绢帛棉絮,出售粮食。他了解,太岁在卯位时,五谷丰登,转年年景会不好;太岁在午宫时,会发生旱灾,转年年景会很好;太岁在酉位时,五谷丰收,转年年景会变坏;太岁在子位时,天下会大旱,转年年景会很好,有雨水;太岁复至卯位时,他囤积的货物大致比常年要增加一倍。他捕捉赚钱的时机就像猛兽捕捉食物那样敏锐。因此,他说:"我干经商致富之事,就像伊尹、吕尚筹划谋略,孙子、吴起起兵打仗,商鞅推行变法那样。"

《货殖列传》里还讲到计然告诉越王勾践如何套利:"善于将时与用二者对照,那么各种货物的供需就看得很清楚……贵上极则反贱,贱下极则反贵。贵出如粪土,贱取如珠玉。"勾践用他的方法治国十年,越国富有了,灭了吴国。范蠡用他的方法治家,赚了万贯家产,成为当时最富有的人。还有宣曲任氏的祖先,本来是督道仓的守吏。在秦朝败亡的时候,所有豪杰都储存珠宝,只有他储藏粮食。最后楚汉两军相持于荥阳,农民无法耕种田地,米价涨到每石一万钱,豪杰的金银珠宝全归于任氏,任氏卖谷大发其财。这就是企业家跨时套利的例子。

还有好多例子我这里不讲了。当然今天最主要的跨时套利活动发生在金融市场上。跨时套利对平稳市场非常重要。套利行为使得预期价格的上升变成现实价格的上升,鼓励人们节约消费,这样也就增加了未来的供给,使得未来的价格比没有套利活动时低。投机者承担了风险,利用自己的比较优势赚钱。

产品市场和要素市场之间的不均衡。如果你发现市场上好多人没事情干,好多资金没用处,而市场上好多东西供不应求,你则只要把这些要素组织起来生产出供不应求的产品,就能赚钱。这就是要素市场和产品市场之间的套利。这样套利的企业家就是生产的组织者。

这种套利模式在中国改革开放之后,出现得最多。乡镇企业家一开始做的就是这样的事情。一些企业家将国外的二三手设备买过来,雇了一帮没事干的农民,再聘请几个退休的工程师,就可以赚钱。今天更大的套利就是 VC 和 PE 的套利,是国际市场之间的要素套利。比如中国一些企业家有好的商业想法,但他们没有钱,美国投资者则把美国的钱拿来支持他们,就是套利。这样的套利同样是创造财富的,但利润也随时间的推移而递减。到最后,产品价格都化解为要素成本,无利可图。

(二)用创新打破均衡

接下来我讲一下企业家的第二个功能,也就是通过创新打破均衡。我先举英国工业革命时的一个例子。在"飞梭"发明之前,棉纺织业从纺到织全是手工做,"纺"与"织"之间是平衡的。但"飞梭"的发明加快了织布的速度,打破了这个平衡,出现了严重的纱荒。这样,纺纱工序的革新和新的生产节奏的产生就成为必要。1738 年,约翰·怀亚特和刘易斯·保尔合作发明了第一台纺纱机。1768 年,理查德·阿克赖特"发明"了"水力纺纱机"。1779 年,塞缪尔·克朗普顿发明了走锭精纺机,与阿克赖特的机械动力织机结合,现代工厂制度诞生了,完成了纺织工业的革命。

经济学家熊彼特在 102 年前出了一本书,叫《经济发展理论》,首次提出企业家的功能是创新。他把企业家创新分为五类:引入新的产品,引入新的技术,开辟新的市场,发现新的原材料,实现新的组织形式。这五类创新模式也可以包括现在讲的商业模式创新,其核心是创造新的组合。

无论哪方面的创新,我想最重要的一个问题是:人们为什么买你的而不买别人的?这可以分解成两个方面:一是怎么提高你给消费者创造的总价值。消费者不是傻子，没有价值的东西是不会买的。创造价值需要劳动，但价值不是由劳动决定的，而是由消费者的边际效用决定的，他愿意为你支付的价格绝不会超过你为他创造的价值。二是如何降低成本。因为只有降低成本，才能降低价格。通俗地讲，一是物美，二是价廉。消费者喜欢买你的东西，无非就是这两个方面的原因。如果你不能做到物美，至少要做到价廉，当然，最能赚钱的是既物美又价廉，所有的创新都应该围绕这两个方面进行。

从这个角度，我曾区分出三类企业家。

第一类企业家能够看到消费者自己都不明白的需求，这是创造需求的企业家，是最伟大的企业家。他们不仅创造产品，其实也在创造产业。可以说所有人类历史上，特别是过去 200 年里，对商业和经济的发展做出最大贡献的就是这类企业家。他们一定是在创造别人没有想到的东西，例如，现代微软的比尔·盖茨，苹果的史蒂夫·乔布斯，100 年前的爱迪生、福特等，都是这样的企业家。

第二类企业家满足现在市场上已经表现出来的需求，如人们喜欢吃可口的东西，喜欢经济实用的车等。如果你能更好地满足人们的需要，你就可以赚钱。

第三类企业家按订单生产，技术规格都是别人规定的，保质保量生产出来就行。这类企业家通常是第一类和第二类企业家的供应商，并不直接服务于消费者。

全世界第一类企业家是极少数的，第二类、第三类企业家居多。中国第一类企业家就更是凤毛麟角。未来我想可能会不一样。其实现在已经出现了第一类企业家，就是创造出消费者没有想到而拿到以后高兴得不得了的东西，像马化腾这样的人就属于这类企业家，他的微信就是这样的产品。

而要做到这一点,最重要的就是对人性的理解。其实伟大的企业家都是对人性有深刻理解的人,如果没有对人性的深刻理解,马化腾不可能做出微信这样的产品。

企业家要对人性有深刻的理解,市场调研是需要的,但这是对一般企业家而言。我们必须认识到,最伟大的企业家做的事,这个市场根本没有,你根本没有办法做市场调研。

创新是连续的过程,而不是突然跳出来的。从这个意义上讲,创新也包括模仿,或者说模仿与创新之间并没有严格的界线。中国企业家过去所做的创新基本上是模仿式创新。但真正的创新是没有可模仿对象的,只能靠想象。所以,企业家的想象力很重要。

与前面讲的发现不均衡所带来的利润不一样,创新的利润曲线是这样的:创新一开始利润是负的,所有新产品开始大多是亏损的,但随着市场扩大,就开始赚钱了,利润不断上升。但是到一定的时点后,模仿你的人越来越多,你赚钱的能力就越来越小。

所以,会创新的企业家总在产品还在赚大钱的时候,就开始投资于下一个可能赚钱的创新。只有不断创新,才有持续的利润可赚。还是用马化腾的例子。他在 QQ 仍然高涨的时候推出微信,而微信在一定程度上就是替代 QQ 的,甚至是打败 QQ 的。企业家有这种意识的话,就可以有持续的创新能力。有一些企业在自己产品销售最好的时候满足于欣赏自己的利润,以为可以"一招鲜吃遍天",结果过一段时间,利润可能就消失了。

二、 创新就是把一个想法变成一个市场

所有的创新最初都只是一个想法而已,但是这个想法一定与众不同,也就是大部分人不会想到。即使你把这个想法说出来,大部

分人也不会认同，认为完全不可能。这是创新的第一步。问题是，你有这样与众不同的想法，有没有可能最后变成消费者愿意埋单的产品？有些人有这种想法，但是他没有把它变成消费者愿意埋单的产品，这不是创新，只是发明。发明申请的专利可以放在那里给人看，企业家创新不是给人看的，一定要最后有人乐意埋单。

前面提到，200 年前人们消费的所有产品就是 10 的二次方到三次方，今天是 10 的八次方到十次方。这么多的新产品都是由企业家的想法变来的。有些例子大家可能觉得都过时了，但是它们所揭示的真理并没有过时。所以我觉得今天的企业家，仍然有必要看看 200 年前英国工业革命是怎么出现的，当时的企业家是怎么创新的，看看 30 年前企业家怎么做，等等。这些案例对我们同样有启发。

比如婴儿尿布，1956 年的时候，只占 1‰的市场，因为价格太高，人们只有在外出旅行时才使用。宝洁公司的想法是，它应该变成日常使用的产品，普通人家都用得起。要把这个想法变成市场，关键是降低价格。如果价格降不到 6 美分以下，这个产品就没有市场。宝洁公司为一次性尿布投入市场花了十年时间，不是因为技术上难以生产，而是因为需要大量的创新才能降低成本。花了十年时间把成本降低到 3 美分，市场价格卖到 5.5 美分，这个市场就普及了。

130 多年前，胶片照相技术只是乔治·伊斯门的一个想法而已，要让这个想法变成市场的关键是使普通消费者都可以买得起，而且不需要专业技术知识就可以使用。柯达公司生产出了这样的照相机，把胶片预装在相机里，消费者拍完后把相机寄回去，柯达就帮你洗出来，再把装好新胶片的相机寄给你。它在广告里说，"你只要按下快门，其他事情都由我们替你做"。由此，家庭相机普及开来。当然，我们知道，数码相机出现以后，胶卷被替代了，柯达本身也被替代了。

1956 年索尼公司生产出第一台录像机时,要卖到 2 000 万日元(相当于当时的 55 000 美元),否则就无利可图,所以只有专业公司才能使用它。索尼创始人想把它变成普通人都能用的东西。怎么实现呢? 就是降低成本。盛田昭夫要求生产出价格 200 万日元(5 500 美元)的录像机。但成本降低到原来的 1/10 的时候,他又要求生产出 20 万日元(550 美元)的产品。最后,他们做到了,家庭录像机普及开来。把价格降低到原来的 1‰,这就是盛田昭夫的想法。

刮胡刀很早就有了,但 100 年前人们使用的刮胡刀都是折叠式的,价格高,用起来既不方便又不安全。推销员出身的吉列想到应该生产这样的刮胡刀,刮起来既舒服,成本又很低,而且用一次后就可以扔掉。他找技术专家咨询,都认为不可能,但他努力十几年做到了。现在吉列公司仍然是刮胡刀市场的主导者。

100 年前,没有人想到汽车应该是普通人消费的产品。可福特有一个想法,一定要让汽车变成大部分人使用的东西。所以他引入汽车生产线,生产出廉价的 T 型车,不仅改造了汽车业,而且改造了整个制造业。

史密斯创办联邦快递公司时的想法是:任何一个东西能不能今天交给你,明天就送到对方手里? 当时的邮政需要一个星期的时间,他的想法从技术上不太可能,所以他在耶鲁大学读书时候的那篇课程论文,老师只给他打了 C,就是刚及格的分数。然而就是这个论文里的想法,后来变成了联邦快递公司。

40 年前,没有人想到每个家庭和每张办公桌上都会有一台计算机,只有比尔·盖茨想到了,他才创造了软件产业。

我们还可以举许多这样的例子,包括国内像阿里巴巴、腾讯、百度、奇虎 360 等很多优秀的公司。我要说的核心观点是,创新就是一个想法,问题是,你有没有办法把这个想法变成消费者愿意埋单的东西？

三、 从套利到创新

企业家一定要赚钱，不赚钱就不是企业家。但企业家做的是具有很大使命感的事情，不仅仅是为了赚钱。创新型的企业家比套利型的企业家快乐得多，因为他们为改变这个世界所做的贡献更大。

做到这一点，你要有敏锐的嗅觉，要有丰富的想象力。你对未来的判断很重要。凡是成功的企业家，都是看未来看得比较远、比较准的。现在市场上畅销的新产品，是 30 年前想都不敢想的东西。同样可以说，今天根本不敢想的东西，恰恰可能变成 20 年以后市场上的主流产品。这就是企业家要想的问题。

用我前面讲的框架看，过去 30 年中国企业家做的主要是套利和模仿。未来套利模式不会像以前那么奏效，因为套利空间越来越少，投机倒把的空间越来越少，模仿空间也越来越少。未来只能靠创新，创造新的产品、新的市场、新的技术。这就是中国企业家面临的挑战。

四、 对未来经济增长的预测

中国企业家面临的挑战与中国的经济转型有关。下面，我对未来增长做一个基本的判断。第一个判断是，中国经过 35 年高速增长之后，未来中国经济的增长会有一个趋势性的向下调整；第二个判断是，中国经济经过过去五年的强刺激政策后，未来几年会面临很大的困难，甚至可能是危机。

为什么中国 GDP 增长率会往下降？从改革开放开始到现在，

中国经济的发展主要靠模仿和套利带来资源配置效率的提升,这就是后发优势。今天中国企业所使用的技术,很少是我们自己原创的。而任何西方产生的技术、产品,只要拿过来"山寨"一下,就可以在中国找到市场,就可以赚钱。过去 30 年我们走过了西方 200 年走的道路,为什么? 主要原因是,人家在前边你在后边,人家在修路你在走路,所以我们的经济可以说是"寄生性经济",寄生在西方市场经济所发展起来的技术、管理基础之上。但随着西方积累的技术逐渐被利用,差距变得越来越小,后发优势也越来越小,这意味着我们的进步会越来越慢。

企业家应该认识这一点:我们生产的任何一个东西,最后都是由消费者付款的。也许你生产的只是一个螺丝钉,但是安上螺丝钉的那个商品如果没有人付款,最后螺丝钉也不会卖出去,你就会亏损。2009 年后中国为刺激经济所作的投资,大部分是为了当年的 GDP 而由信贷支撑的,而不是为了消费者创造价值,为了未来价值增长、财富增长投资,这个模式是没有办法持续的。

几十年前哈耶克就打了一个比喻——靠信贷维持增长就像抓住老虎的尾巴,只有两种选择:一种是把老虎尾巴放开,这时候老虎反过来把我们吃掉;第二种是我们紧紧抓住老虎尾巴,跟着老虎跑,直到最后被累死。我们今天就处于这样一个状态。我理解,2013 年 6 月政府认识到不能继续靠信贷刺激经济持续增长,所以想稍微放开老虎的尾巴,结果就闹起了"钱荒",只好又赶紧重新抓起老虎尾巴。但这个老虎尾巴还能抓多久? 我觉得时间非常有限。

当然,无论趋势性问题还是周期性问题,都是事在人为。中国经济增长还有巨大的潜力,最大的潜力是我们的市场规模。没有一个国家在经济工业化、城市化时具有这么大的市场。200 年前英国工业化的时候,其人口只占世界人口的 1% 多一点;100 年前美国人

口只占世界人口的 5.8％。我们的人口占世界 20％,这是一个巨大
的市场优势。过去我们利用了这个市场优势,但是利用得不充分。
如何挖掘中国国内市场,是未来发展的关键点。如果利用得好,我
们仍然会有比较高的经济增长。

核心问题是,开发国内市场靠什么?开发市场靠谁?靠企业
家。只有企业家精神才能使中国国内市场潜力得到真正的开发。

市场有广度和深度之分。市场的广度取决于人口规模,市场的
深度取决于人均收入水平。中国企业家过去主要关注市场的广度,
我认为未来市场的深度更重要。人口大国市场广度很大,也可能使
企业家不注意开发市场的深度,也就是做大每一个产品的附加值。

五、 中国企业家的挑战:从套利者走向创新者

解决这些问题既需要政府加大改革的力度,建立起能有效保护
自由和私有产权的法律制度,也需要中国企业家队伍自身素质的
提升。

中国企业家的"创新"仍然停留在模仿型创新阶段。在我看来,
如何从简单的套利者(商人)和模仿者转变为熊彼特意义上的创新
者,是中国企业家面临的主要挑战。商学院虽然可以提高企业家的
管理知识,但商学院不可能培养出企业家。职业经理人和企业家是
根本不同的两类人。

就产业发展的走向而言,能对未来做出最好判断的是企业家,
不是政府官员,也不是专家学者。真正的企业家,尤其你想变成伟
大的企业家,一定是要别人跟着你,而不是你跟着别人。

中国的经济改革和经济学研究

林毅夫 *

2014 年 7 月 5—6 日在上海复旦召开的追思杨小凯逝世十周年的学术会议，会议主办方原定这是一个闭门会，不对外宣传，邀请经济学界的朋友坐下来一两天，认真思考和探讨一下中国经济学科未来发展道路乃至中国社会发展的整体问题。在中国经济改革与转型进行了 35 年、成绩斐然但问题同样尖锐的当下，我认为这个倡议十分必要，就欣然应约前往，并根据即将发表于国外《经济政策改革杂志》(*Journal of Economic Policy Reform*) 上的《反思华盛顿共识：新结构经济学的视角》一文的内容，准备了《中国经济改革和经济学科的发展》的发言。主办方后来邀请多家媒体的记者参会，对

* 林毅夫，先后毕业于台湾政治大学、北京大学、美国芝加哥大学、耶鲁大学。目前担任北京大学国家发展研究院教授，主要研究领域为发展经济学、农业经济学、制度经济学。在 2010 年 7 月 22 日举行的英国科学院年会上，林毅夫被选举为英国科学院外籍院士。此外，他还曾任世界银行首席经济师兼主管发展经济学的资深副行长，是首位在世界银行获得该职位的中国人。主要著作包括：《制度、技术和中国农业发展》《中国的奇迹：发展战略与经济改革》《充分信息与国有企业改革》《自生能力、经济发展与转型：理论与实践》《解读中国经济》《战胜命运：跨越贫困陷阱，创造经济奇迹》等。本文选自《金融时报》中文网 2014 年 8 月 13 日，文中林毅夫对照中国和其他转型中国家的实践，回顾国企改革、"后发优势与后发劣势"的争论，并就中国经验和回归斯密等争论做进一步的阐述。原文略有改动。

会议上的发言和讨论进行了详细报道，我想这也是好事，对上述问题的讨论确实值得社会各界关注。

按会议安排，由黄有光、我和张维迎三位先做了主旨发言，发言完后进行相互评论。维迎和我的发言及相互评论在媒体上广受关注，并连带地追溯到1995年我和张维迎有关国企改革以及2002年我跟杨小凯有关"后发优势与后发劣势"的争论。

学者所做的工作是对所观察到的现象背后的因果逻辑提出解释，并根据这种解释提出改进的建议以供社会各界包括个人、家庭、企业和政府作为决策的参考。每个学者的研究其实都是"盲人摸象"，由于观察的角度和掌握的资料有异，提出的解释和建议不同在所难免，学者间有争论是正常的，是相互切磋以完善各家之言的必要途径。不过，争论要成为建设性的，而不仅仅是"公说公有理，婆说婆有道"的口舌之争，则应该双方对争论对方的观点和逻辑有准确的把握，从内部逻辑的自洽和逻辑的推论和所要解释的现象是否一致，以及理论的政策建议在实践中是否取得预期的效果来给予对方的观点进行评论。这次在复旦的会上由于时间的限制并未能做到这一点，在事后的媒体报道中也未准确反映争论双方的逻辑、观点和实证经验的证据，许多评论就像有位媒体主编指出的"基本取决于评价者的个人左右倾向而不是观点本身"。

为了使这场争论能够达到会议主办方原先所设想的"认真思考和探讨一下中国经济学科未来发展道路乃至中国社会发展的整体问题"，我想对照中国和其他转型中国家的实践，再次回顾20年前的国企改革、12年前的"后发优势与后发劣势"的争论，并就中国经验和回归斯密等争论做进一步的阐述。

一、 国企改革的争论

1995 年我和维迎就国企改革问题的辩论,被媒体称为"北大交火事件",那次争论媒体进行了许多报道,其后我和蔡昉、李周合作出版了《充分信息与国有企业改革》以及其他文章,维迎也有系列论著,系统阐述各自的观点。

张维迎的论述从现代企业理论出发,强调企业剩余索取权和控制权对称安排的重要性。他认为负责经营决策的人应该享有剩余索取权和控制权,让真正承担风险的资产所有者选择经营者,优先成为企业家,才能保证真正有经营能力的人占据经营者岗位。当一个经济中不允许个人成为财产所有者时,就等于失去了判断经营者才能的可靠信息。国企改革的出路是民营化,将企业中的国有资本变成债权、非国有资本变成股权。

我则认为国有企业问题的关键是"委托人—代理人"之间是否会产生道德风险的问题。国企(尤其大型国企),是在资金稀缺状况下为执行优先发展重工业的战略而设立的,由此承担了违反比较优势,在公平、开放的竞争市场上缺乏自生能力的战略性政策负担,和为了解决就业和社会稳定的冗员、养老等社会性政策负担。在有政策性负担的情况下,政府无法摆脱给予企业保护补贴的责任,形成了预算软约束。在有政策性负担的情况下,任何有关公司治理的改革都难以奏效,尤其国有企业私有化后,所有者利用政策性负担为借口寻租的积极性会更高,效率会更低。

我同时认为,享有剩余索取权的所有者和经营者要统一起来,只有中小企业才能做到,大型企业不管国有或民营,都同样面临委托—代理问题,要避免代理人利用信息不对称产生道德风险,侵蚀所有者的利益,必须依靠公平竞争的市场使企业盈利状况成为企业经营好坏的充分信息,并据此来制定经理人员的奖惩,以使代理人和委托人的激励相容。如果是垄断,大型的民营企业也无法解决效率和代理人的道德风险问题。因此,改革的起点应在于剥离战略性政策负担和社会性政策负担,以硬化预算约束,创造公平竞争的市场环境。在此公平竞争的基础上,中小型国有企业以私有化为宜,以达到所有者和经营者的统一。大型的企业,则不管国有或民营,如果经营好都可以发展,如果经营不好,则都可能被其他所有制的企业兼并,甚至破产。在复旦的讨论会上,对我主张对于大型国有企业的改革,创造公平竞争的环境比简单的私有化重要时,维迎据此认为我主张把大型企业都国有化,显然是一个误解。

维迎和我的观点就内部逻辑来说都是自洽的。从实践来讲,在抓大放小的思路下,中国的中小型国有企业基本都已经私有化,大型国有企业没有进行大规模的私有化,而是按照现代公司治理的思路进行了改革,建立了董事会、监事会,有不少还成为上市公司。到现在冗员等社会性负担基本已经剥离,并且,由于30多年的快速发展,资本迅速积累,许多原来不符合比较优势的大型装备、汽车等产业在中国已经符合比较优势,在国内外市场有了竞争优势。因此,我在2008年出版的《中国经济专题》及其他一系列文章中,建议应该消除双轨制遗留下来的以金融抑制、资源低税费和市场垄断的方式对大型国有企业的暗补,放开要素市场,建立完善的市场公平竞争环境,允许民营企业进入,在市场上让各种所有制的企业公平竞争。极少数和国防安全有关、资本技术极端密集、仍然违反中国比较优势的国企,则和发达国家一样由财政拨款直接补贴。

维迎的观点则在苏联和东欧的国家中得到实践,除了波兰、白俄罗斯、斯洛文尼亚和乌兹别克斯坦等少数国家外,基本按现代企业理论的政策建议,把国有企业都私有化了,但是,结果和改革预期达到的目标正好相反。根据世界银行、欧洲开发银行和其他许多国外学者的实证研究发现,除了在私有化过程中出现许多低价甩卖国有资产造成分配不均和寡头垄断的情形外,大型企业的情形就像 20 年前我和维迎争论时所预测的那样,目前从国家拿到的补贴比在国有时期多而不是少了,效率是低了而不是高了。并且,就经济总体表现情形,在东欧国家中表现最好的波兰以及斯洛文尼亚,和在原苏联国家中表现最好的白俄罗斯和乌兹别克斯坦则都是没有实行大规模私有化。

二、 后发优势与后发劣势

小凯是我在留美经济学会成立之初就认识的朋友,自那时以后直至 2004 年他不幸病故,我们保持了 20 年深厚的友谊,他对推广以超边际分析来把斯密的分工理论模型化所做的贡献,以及他对中国现代化的思索都是我所尊敬的。本着同样对中国学术发展和现代化的关心,我一向秉持 2004 年他病逝后我在北大中国经济研究中心的悼念会上所说的"众士之诺诺不如一士之谔谔"的精神,有不同的观点,就直接提出来和他切磋。

2002 年 12 月,小凯在天则研究所的一个讲座中提出了"后发劣势"的观点,认为落后国家模仿发达国家的技术容易而模仿发达国家的制度难。落后国家倾向于模仿发达国家的技术和管理而不去模仿发达国家的制度,这样落后国家虽然可以在短期内经济获得快速的增长,但是会强化制度模仿的惰性,给长期增长留下许多隐患,甚至使长期发展变为不可能,因此,他认为后发国家有"后发劣势"。为了克服"后发劣势",他主张后发国家应该由难而易,在进行较易的技术模仿前,要先完成较难的制度模仿。在杨小凯、杰弗里·萨克斯(Jeffrey Sachs)和胡永泰2000年合作的一篇论文中,他则提出最好的制度是英国和美国的共和宪政体制,并指出中国作为一个后发国家,尽管在改革后20多年经济发展很成功,但是没有进行根本的宪政体制改革,而20世纪初俄国虽然看起来在经济发展方面比中国失败,但由于进行了根本的宪政体制变革,所以俄国的成就将来会超过中国。

和小凯主张发展中国家应该先推行共和宪政,等宪政建立起来以后再来发展经济以克服不去模仿发达国家优秀制度的"后发劣势"的观点不同,我从1994年和蔡昉、李周一起出版《中国的奇迹》一书以来,就一直认为从理论和经验的角度来看,后发国家固然在经济发展过程中有必要不断对现有的经济、社会体制做出改革,但一个后发国家并非要先进行英美式的宪政体制改革并克服后发劣势以后才去发展经济。

我认为经济发展的本质是基于劳动生产力水平不断提高的技术不断创新和产业不断升级,一个发展中国家可以利用与发达国家的技术差距所形成的"后发优势"来加速经济发展。我同时认为,由于过去的赶超发展战略,转型中国家有许多资本密集、违反比较优势又在开放竞争的市场中缺乏自生能力的大型国有企业,在转型过程中以渐进双轨的方式来改革,一方面保留些扭曲给予违反比较优势的产业中没有自生能力的企业必要的转型期保护补贴,另一方面放开原来受抑制的、符合比较优势的产业的准入,经济转型期才能取得稳定和快速发展,并创造条件改革各种制度扭曲,最终建立起有效的竞争性市场。

在复旦的会上和其后的媒体报道对我和小凯的争论有两个误读:(1)认为我强调后发优势,所以,我主张只要发展经济不需要进行制度改革；（2）中国现在出现的腐败等一系列问题，证明了小凯所主张的后发劣势的观点的正确性。

任何人只要细读我 2002 年发表于《经济学季刊》上《后发优势与后发劣势——与杨小凯教授商榷》一文和从《中国的奇迹》以及以后出版的《充分信息与国企改革》《中国经济专题》《解读中国经济》《新结构经济学》等一系列著作和论述，都可以了解我在强调发挥"后发优势"来加速发展经济的同时，也强调在经济发展过程中要创造条件，审时度势，推进制度改革，把旧体制中的各种扭曲消除掉，以建立完善、有效的市场。把我的主张简化为不需制度改革是严重误解。

其次，中国在取得快速的经济发展的同时出现了腐败等一系列问题是否就是因为没有先进行"共和宪政"改革的结果？是否就证明了"后发劣势"的观点的正确性？未必！原因是根据世界银行和欧洲开发银行等机构的研究发现，先进行"共和宪政"改革并推行休克疗法试图一次性地把各种扭曲消除掉的苏联和东欧国家，也同样存在在中国广受诟病的腐败、收入分配恶化等一系列问题，而且，和中国相比有过之而无不及。所以，这些现象的产生不在于中国没有按"后发劣势"的观点先进行共和宪政的改革。

在《中国的奇迹》和《解读中国经济》等著作中，我分析、预测道，由于中国推行了双轨渐进改革，为了支持违反比较优势、不具自生能力的资本密集型大型国有企业，以压低各种要素价格或是市场垄断的方式给予这些企业保护、补贴，那么就会创造制度租金，就会有腐败、收入分配恶化等问题，这些问题是双轨制改革引起的，解决这些问题的"釜底抽薪"的办法是在条件成熟时，深化市场改革把各种要素扭曲消除掉。苏联、东欧国家虽然进行了"共和宪政"的改革并采用了"休克疗法"，但是，为了避免私有化以后的大型企业破产倒闭造成大量失业和社会、政治不稳，或是因为这些企业是国防安全和国家现代化所需政府不愿让其破产，在休克疗法消除了旧的补贴以后，又引进了新的更大、更隐蔽的补贴，结果，寻租、腐败和收入分配不均的现象也就比中国还严重。所以，腐败、收入分配恶化的问题不在于有没有共和宪政改革，而在于有没有保护补贴所形成的制度租金。

我和小凯的核心争论其实是在于：(1)共和宪政是否就是最优的制度安排？(2)是否应该采取休克疗法把各种制度扭曲都一次性消除掉，再来发展经济以克服"后发劣势"，还是应该利用"后发优势"来加速经济发展，并边发展经济边改革完善制度？

对于前者，小凯和杰弗里·萨克斯等合作者认为英美的共和宪政是最好的体制，所以，为了推行共和宪政，小凯认为美国出兵伊拉克是值得支持的。他也把日本在20世纪90年代出现的金融危机作为日本没有推行英美共和宪政的结果，但是，美国在2008年也爆发了金融危机。同时，欧洲有许多国家没有采行英美的宪政体制，发展水平、社会公平、政府清廉等高于英美，亚洲国家中唯一收入水平高于美国的新加坡也没有采行英美共和宪政体制。和中国同样为新兴市场经济大国的印度虽然有英美的共和宪政体制，但是印度的经济发展绩效一直低于中国。而且，《国富论》中斯密记载了英国在18世纪时触目惊心的腐败现象，哈佛大学的格莱瑟与萨克斯(Glaeser and Saks)两位教授的研究也发现19、20世纪初美国的腐败普遍化的程度不比中国现在低。这些事实证明，小凯认为英美共和宪政是最优制度安排的看法只是理想条件下的臆想，在现实中是站不住脚的。

对于第二点，小凯主张在转型过程中先难后易，先推行共和宪政的改革，并推行休克疗法一次性地把各种扭曲消除掉，等建设完理想的制度体制再来发展经济才能避免"后发劣势"。但是,实际的结果是不是这样?现在回头来看,苏联、东欧的国家不仅没有中国经济的稳定和快速发展,而且,如前所述,根据世界银行、欧洲开发银行的许多研究一再发现,出现于中国的腐败和收入分配不均的问题同样存在,而且有过之而无不及。

12年后的今天,我不知道小凯若是有生,在这些事实面前是否还会坚持中国应该先进行共和宪政的改革克服"后发劣势",等他心目中理想的宪政体制建立起来后再来发展经济。但是,20世纪八九十年代倡导"休克疗法"最力、和小凯一起发表引发我与其商榷的《经济改革和宪政转轨》一文的杰弗里·萨克斯的观点显然是变了。2014年3月他到清华大学参加一个会议时,接受了经济学家李稻葵的访谈,在访谈中他高度赞扬了中国改革开放以来取得的巨大的成绩,认为"这在人类经济历史上都是很罕见的"。对于中国当前的挑战他则认为:"国与国之间很难相互比较。每一代人都有自己的任务,都有自己的困难和挑战,都要学会解决自己的问题。"在2005年出版的《贫困的终结》一书中,他则高度评价中国的减贫成绩,大力向非洲推荐中国的发展经验。

三、 中国经验的解读

在复旦的争论和后来的媒体评论中,多数参与者认为过去35年中国的增长绩效是政府选择退出经济领域,废除众多管制,选择性地提供了有利于工商业发展的政策法规环境,创造和维护了一个相对促进绩效的竞争秩序框架所取得的成果。以此证明市场的重要性,反对政府在经济发展过程中发挥超过"保护产权、加强法制和维持社会秩序"的作用。

显然,在争论中多数学者把转型问题和发展问题搞混了。就从计划经济向市场转型而言,不管发展绩效好或发展绩效差的国家,政府对经济的干预和管制都必然减少,否则,就无所谓的转型可言。问题是:是否政府的干预取消得越彻底,经济发展的绩效就越好?从苏联、东欧和拉美、非洲的国家的经验来看,那些推行休克疗法的国家经历了初期的经济崩溃、停滞后,目前大多仍然危机不断;拉美国家则在推行华盛顿共识的改革以后,虽然有不少像智利那样,各种市场自由化的指标都很超前,被认为是华盛顿共识改革的模范生,但是,经济绩效改善有限,普遍仍然深陷中等收入陷阱之中。所以,不能将在中国的转型的过程中政府的干预越来越少,看作市场自由主义的胜利。

同时,我认为在中国的转型过程中,政府的政策绝大多数是正确的,但是,这并不代表我就像媒体上所评论的那样,认为这些政策不需要改革。

首先,如果像维迎那样认为,除了保护产权、加强法治、维持社会秩序(显然在这三点上中国还有许多改善的空间)外,中国政府的其他政策都是错误的,那么,中国怎么能够维持 35 年年均 9.8% 的高速增长,创造人类经济史上不曾有过的奇迹,并且,是唯一没有出现过严重金融经济危机的新兴大国? 何谓正确的政策应该是以政策的结果,而不是以先验的标准来评定,从这些成绩来说,应该肯定中国政府过去 35 年采取的政策绝大多数是正确的。

维迎等人会认为中国绝大多数的政策是错误的,实际是因为中国的经济转型没有按照西方的主流思潮来进行。在 20 世纪 80 年代社会主义国家开始转型时,曾任世界银行首席经济学家、美国哈佛大学校长和美国财政部长的劳伦斯·萨默斯(Lawrence Summers)曾说,"经济学界有一个难得的共识就是,从计划经济向市场经济过渡应该遵循华盛顿共识的休克疗法"，当时认为像中国推行的"渐进双轨的制度是比计划经济还糟的制度"。但是，这种被普遍认为错误的渐进双轨制改革，却让中国维持了稳定和快速发展，取得了人类经济史上不曾有过的奇迹。

可是，过去正确的政策并不代表现在就不需要改革，因为条件不断在变化：过去，以价格扭曲和市场垄断来保护补贴在缺乏比较优势的产业中缺乏自生能力的国有企业，是维持经济社会稳定的必要措施，是两害相权取其轻的政策；现在，经过35年的高速发展，中国已经是一个中等偏上收入的国家，资本已经不再极端短缺，许多原来不具有比较优势的产业现在已经具有比较优势，再给这些产业中的企业保护补贴，对稳定经济没有必要，只加剧了寻租、腐败和收入分配不均，就需要与时俱进地给予改革。那些以为我主张政府过去35年的政策绝大多数是正确的，就推论我认为我主张中国政府过去推行的政策不需要进行改革的人，显然没有理解我过去的一系列著作以及在复旦的主旨演讲中所做的论述："必须随着资本积累和要素禀赋的提升，原来违反比较优势的产业逐渐变成符合比较优势，原来保护补贴是雪中送炭，现在变成锦上添花，要消除腐败和收入分配扩大化，就必须把保护补贴消除掉，也就是深化改革。"

中国的经济改革和发展的经验到底有没有一般意义？在2002年的争论中，小凯认为后发国家在模仿好先进国家的共和宪政制度前是没有资格讲制度创新的，主张市场自由主义的学者把中国过去35年的成绩都归因于向自由市场制度的回归，把存在的问题都归因于向市场的制度转型还不彻底，按这种说法，中国这35年的经验也就不存在一般意义，有的也仅是负面的教训。可是，问题是那些彻底按自由市场制度的要求来改革的国家，中国的快速发展它们没有，我们存在的问题它们也都有，而且，有过之而无不及。少数几个在转型中发展绩效比较好的也都和中国一样推行的是渐进的双轨制改革，包括越南、柬埔寨和 20 世纪 70 年代初就开始改革的非洲小岛国毛里求斯等都推行这种所谓的"最糟"的转型策略。我们应该以开放的心态，客观地了解上述两种转型绩效差异背后的原因，而不是教条主义式地认为和先验的理论不同的经验都是没有价值的经验。

转型中国家最终所要达到的目标是消除存在于经济中的各种制度扭曲，建立完善的、有效的市场经济体系，这一点我和小凯和维迎是有共识的，不同的是对制度扭曲存在的原因的认识。在小凯和维迎的框架中，这些扭曲是政府强加的、外生的，所以去之唯恐不及，越快越好。我也认为这些扭曲是政府强加的，是有代价的，但是，是内生于保护补贴违反比较优势没有自生能力的企业的需要的，所以我认为渐进双轨的改革既能维持稳定，又能让具有比较优势的产业充分利用后发优势来取得快速增长，并为改革原来不具比较优势的产业和制度扭曲创造条件，所以渐进双轨的改革是在局限条件下的最优。

按维迎和小凯的意见，中国的改革取得的成绩是没有一般意义的。我认为绝大多数的发展中国家都有许多政府过去的错误干预所形成的缺乏比较优势、不具自生能力的企业存在，并且有许许多多的扭曲，因此在 1994 年我和蔡昉、李周合著的《中国的奇迹》中，我们认为中国的这种务实的、能够同时达到稳定和快速发展的转型策略对它们来说是值得参考借鉴的。到了世界银行工作以后，我发现目前世界上发展较快的发展中国家除中国外，像越南、柬埔寨、印度尼西亚、巴西等国的制度改革也都很不到位。因此，让我更加相信中国和其他发展绩效较好的发展中国家的经验虽然违背了主流的理论，但总结其背后的原因，对启发其他发展中国家改进其发展绩效至关重要，中国的转型经验是有一般意义的。

四、回归亚当·斯密，到底回归到什么？

在复旦的会上，维迎和我都主张我们在讨论政府的作用时，应该回归到亚当·斯密，但是要回归到什么？维迎主张回归到他所总结的斯密在《国富论》中所提出的观点，也就是他认为的政府最重要的职能是"创造给人自由的环境、法治、包括产权制度的保证"。我则主张回归到斯密的研究方法，也就是在《国富论》的完整的书名上所昭示的《对国民财富的性质和原因的研究》。

为何我不主张回归到斯密提出来的观点，而主张回归到斯密研究问题的方法？首先，认为政府的责任只在维护"自由的环境、法制和保护产权"是否完整地、全面地总结了斯密的观点？显然不是，斯密在《国富论》第五篇中对政府的责任则还包括"维持某些公共机关和公共工程。这类机关和工程，对于一个大社会当然是有很大利益的，但就其性质说，设由个人或少数人办理，那所得利润决不能偿其所费。所以这种事业，不能期望个人或少数人出来办理或维持。并且，随着社会发达时期的不同，执行这种义务的费用的大小也非常不同"。斯密还认为："一国商业的发达，全赖有良好的道路、桥梁、运河、港湾等公共工程。"世界银行在第二次世界大战后成立，当时最主要的任务之一就是帮助发展中国家改善基础设施，但是，在20世纪80年代新自由主义盛行以后，改为认为基础设施的建设是企业家的责任，应该依靠市场，而不应该依靠政府来建设，世界银行负责基础设施的部门被撤销。结果过去30多年，拉丁美洲、非洲的许多国家在这样的指导思想下，除了易于收费的移动通信有私人企业投资外，基础设施没有任何改善，到处成为发展的瓶颈。

　　其次,有了完整的斯密的观点是否就足够? 显然也不是,因此,维迎自己在小凯的追思会上演讲的题目是"修正的斯密模型",把熊彼特重视企业家精神的主张也添加进来。但在复旦的会上,当我提出斯密的观点来自对工业革命以前西欧发达国家发展经验的总结,而现代的快速经济增长是工业革命以后的现象,不能简单照搬《国富论》里的观点时,维迎回答:"人类在认识世界的过程中是免不了犯错误的。比如日心说,其实古希腊人就提出来了,后来被否认,一直到哥白尼才得到认同。经济学更是这样。所以我认为不能说因为亚当·斯密那时候不具有现代的技术,他的理论就比现在的更差。"显然他这个回复是和他的演讲"修正的斯密模型"的精神是相左的。

　　我和维迎、小凯,以及在很大程度上和国内经济学界多数经济学家的差异在于:我们应该回到斯密,或是,斯密加熊彼特,甚至加凯恩斯、科斯或哈耶克的研究所得出的观点,还是应该回到斯密所倡导的对现象的"性质和原因的研究",按这个办法对我们的国家社会所出现的问题自己独立进行研究来得出自己的分析、观点和解决办法? 斯密、熊彼特、凯恩斯、科斯、哈耶克等大师都是以这种方法来研究他们所在的社会所处的时代的问题而得出他们的观点和理论贡献的。这也是放弃了华盛顿共识和休克疗法的萨克斯在接受李稻葵的访谈时所主张的:"每一代人都有自己的任务,都有自己的困难和挑战,都要学会解决自己的问题。"

　　计划经济向市场经济转型的问题是我们这代人才出现的问题,想从斯密或其他过去的经济大师的著作中寻找经济转型的答案是缘木求鱼,把他们的理论观点做为经济转型的政策依据,而不是去深入了解转型中国家问题存在的真实根源,据此寻找解决问题的新办法是华盛顿共识失败的主要原因。

　　不仅在转型问题上是这样，在发展问题上也是这样。在和维迎争论时，我已经指出《国富论》出版于 1776 年，是斯密研究西方地理大发现以后，工业革命尚未发生前，国际贸易盛行时期的经济现象的著作，所以，他强调市场、分工等。而现代的快速经济增长则是工业革命以后才出现的现象，斯密不可能超乎时代，对现代经济增长的本质和原因有先见之明。

　　其实，即使在工业革命以后才出现的理论，也不见得对发展中国家都有指导意义。这是因为这些理论都来自发达国家，而发达国家从工业革命以后技术和产业都处于世界的最前沿，对于它们来说，技术创新和产业升级都只能自己发明，而发展中国家的产业和技术大多处于世界的前沿之内，它们的技术创新和产业升级可以有后发优势。并且，发达国家和发展中国家可以动员的资源，面对的各种要素价格、风险因素和软硬基础设施的瓶颈限制也不一样，适用于发达国家的发展政策和制度不见得适用于发展中国家，忽视了这种差异性，是为何从第二次世界大战以后按西方主流政策来制定发展政策的国家没有一个成功，而极少数能够成功的国家的发展政策从西方主流理论来看也是错误的原因。

　　在小凯的追思会上，就发展的问题，我从《新结构经济学》的视角做了些阐述，认为现代经济增长的本质是技术的不断创新、产业的不断升级以不断提高劳动生产率的水平，以及和产业、技术相适应的硬的基础设施和制度（软的基础设施）的不断完善以降低交易费用的结构不断变迁的过程。在这个过程中要有"有效的市场"，企业家才能自发地按要素禀赋结构所决定的比较优势选择产业和技术，这样才能使要素生产成本达到最低；同时，要有"有为的政府"来解决技术创新和产业升级过程中必然出现的外部性问题和软硬基础设施完善的协调问题，这样，技术创新和产业升级才能顺利进行，并且有足够低的交易成本来使比较优势变成竞争优势。由于政府的资源是有限的,而不同的产业所需要的软硬基础设施不完全相同,所以,政府必须对有限的资源进行有选择性的使用,优先支持对经济发展能有最大贡献的技术的创新和产业的升级,也就是必须有"产业政策"。

维迎和媒体评论认为我这样的主张是倡导由政府来决定哪些产业符合比较优势,其实,这是一种没有仔细了解我的论述,根据过去的经验来对"有为政府"字面的片面理解所产生的误解。新结构经济学中所倡导的产业政策制定的框架式是"产业甄别和因势利导",其步骤如下:第一步是政府从人均收入水平比自己高一两倍、过去二三十年发展很好的国家现有的可贸易产业中去甄别可能符合自己国家现阶段经济的潜在比较优势的产业,也就是从要素生产成本来看已经处于全球最低,但由于软硬基础设施不完善而交易成本太高,以至于未能发展成为具有竞争优势的产业;第二步则看是否已经有国内的企业自发进入上述产业;如果没有,则第三步,进行招商引资;第四步则在第一步所确定的产业之外,是否有企业自发现并已经进入其他有潜力可以迅速变成竞争优势的产业;第五步则是为上述二至四步里的企业解决扩大生产或新企业进入的软硬基础设施的瓶颈限制以降低交易费用;第六步则是给予创新企业一定的外部性补偿。上述六步法是根据十六七世纪以来经济发展取得成功的发展中国家的产业政策的特征总结出来的,在这个框架中,企业是否进入某种产业,也就是第二到第四步,是企业自己的选择,而不是政府指定的。所以,需要有第一步是为了避免政府太冒进,这是过去绝大多数发展中国家的产业政策失败的原因,同时,也是为了避免企业以发展某种先进的产业为理由向政府寻租,这是在拉美及其他许多发展中和发达国家经常出现的现象。

　　需要指出的是，企业家除了像维迎所宣扬的那样会靠创新来获利外，也会利用各种理由寻租、绑架政府来谋利，2008 年这场国际金融经济危机，就是华尔街的金融寡头绑架美国政府政策的结果。所以，政府固然要给企业家的创新提供自由的环境，但是，政府也要提防被企业家绑架。

　　上述框架可以让收入水平较低的发展中国家在有效的市场的基础上，政府发挥积极有为的作用，帮助在第二步到第四步中有企业家精神的企业利用后发优势来加速经济发展。对于中等发达国家，多数产业和发达国家仍有差距，少数产业则可能接近或已经达到国际先进水平。对前类产业的升级，上述六步法依然适用；对于后类产业若要有新技术或新产品，企业需要自己开发，发展中国家的政府则需要和技术产业都已经处于国际前沿的发达国家的政府一样，对开发新技术、新产品所需的基础科研给予支持。需要指出的是，发达国家的政府由于预算有限，对基础科研的支持是需要有所选择的。同时，发达国家还用税收和政府采购等来支持新技术、新产品的创新，并用政府资金支持创新企业。以大家津津乐道的乔布斯为例，1976 年推出的苹果 I 型计算机是建立在 20 世纪 60 年代和 70 年代以美国政府的公共资金支持的计算技术的研发成果上的，2001 年推出的 iPod 和其后的 iPhone 也是建立在政府资金支持而研发出来的卫星定位、声控和大规模储存等新技术上的，乔布斯的天才在于把这些新技术组合开发成消费者喜爱的新产品。值得一提的是，苹果公司在未上市之前，除了得到风险投资的资金之外，也得到了美国小企业局 50 万美元的风险股本投资。同样，谷歌核心的计算技术也是来自政府资助的研究项目。对政府支持的基础研究在美国现在居全球居领先地位的航天、信息、生化、纳米、医药等各种新技术、新产品的开发中所发挥的重要作用感兴趣的读者可参考玛丽安娜·玛祖卡托(Mariana Mazzucato)2014 年出版的新著《企业国家：解读公共部门与私有部门的迷思》(*The Entrepreneurial State：Debunking Public vs. Private Sector Myths*)。

在复旦的会上，我提出在新产品和新技术的研究(R)和开发(D)中，开发有赖于企业的创新精神，但基础研究则需要政府支持。维迎回答："中国最伟大的思想家孔子不是政府资助的。"显然他忽视了现代科研需要大量的资金投入，并不只是逻辑思辨的过程，他的辩驳显然是牛头不对马嘴的争论。而且，组成中国传统文化的儒释道三家中，老子是周朝的史官，释迦牟尼是名王子，说孔子不是政府资助的，也并不说明任何问题。

五、 结语

自科斯提出中国缺乏思想市场的忠告以后，"思想市场"一词在国内学界成为一个热门词汇。思路决定出路，对思想的重要性我完全赞同。学者的工作是提出或介绍新的思想，并通过著作、文章、讲演使新的思想成为社会思潮，以引领社会变革的方向。

在 2007 年的马歇尔讲座上我对思潮做了专章的讨论，后来出书时以《经济发展与转型：思潮、战略与自生能力》为书名来彰显思想的重要性。我在芝加哥大学的导师——诺奖得主舒尔茨在研究近 300 年来西方各国社会思潮的演变时发现："主流社会思潮塑造社会的制度化秩序……并且，业已建立的制度的失灵反过来会改变社会思潮。"我们所处的社会有许多制度失灵和缺位，确实需要有新的思潮来催生新的制度。不过，舒尔茨也发现："近 300 年来根据主流社会思潮进行的重要社会变革绝大多数是失败的。"印证于从第二次世界大战以来，根据发达国家的主流理论来制定发展和转型政策的众多发展中经济体尚未有成功的例子，而极少数成功的经济体的政策从主流理论来看都是不正确的事实面前，中国的思想市场是否应该只引进各种发达国家的大师提出的思想？中国的学者在引进西方大师的思想时，是否还应该以客观的态度来观察理解我们所处的社会的现象和问题的本质，提出我们自己的思想？科斯在提出中国缺乏思想市场的警告时，先说了一段："回顾中国过去 30 年，所取得的成绩令人惊叹不已，往前看，未来光明无量。但是，如今的中国经济面临着一个重要问题，即缺乏思想市场，这是中国经济诸多弊端和险象丛生的根源。"中国过去 30 多年改革发展的成绩不是在西方主流的思想指导下取得的，所以，我想科斯的原意不是中国学界缺乏从西方引进的各种思想，中国所缺乏的是从深入了解中国自己过去这 30 年的成功经验以及未来的机遇和挑战的本质中去总结出来的新思想吧！如前所述，从第二次世界大战到现在，近 200 个发展中国家尚无根据西方主流思想而发展成功的先例，他指出中国缺乏思想市场是诸多弊端和险象丛生的根源，是否也是警告中国的学界需要放弃一种思维模式，即一看国家社会出现了问题，就去西方现有的主流理论或大师所写的故纸堆中寻找解决办法，而不是自己去了解这些问题的本质和原因，从而自己提出解决办法？

"有中国特色的"新自由主义

大卫·哈维 *

1978 年 12 月,面对双重困难——1976 年毛泽东逝世后的政治不稳定以及持续数年的经济滞涨,邓小平领导的中国政府宣布了经济改革规划。我们永远无法确认,邓小平是否始终是一位(如毛泽东在"文革"期间所说的)"走资派",或改革是否仅仅是一种孤注一掷,为的是确保中国经济稳定,并在面临东亚和东南亚其他地区高涨的资本主义发展的情况下,保持中国的威信。中国经济改革的时间恰好与英国和美国发生的新自由主义转向一致,很难不把这视作具有世界史意义的巧合。结果是在中国建立了一种特殊的市场经济,日益将新自由主义要素与权威主义的中央控制交叉结合,在智利、韩国、中国台湾地区、新加坡等其他国家和地区,早已清晰建立

* 大卫·哈维(David Harvey),曾任教于英国布里斯托尔大学、美国宾夕法尼亚大学、英国牛津大学和美国约翰·霍普金斯大学,现任教于纽约市立大学研究生中心和伦敦经济学院。哈维是当今世界最重要的批判性知识分子,也是当代西方新马克思主义的代表人物之一。其主要著作包括《地理学中的解释》《社会正义与城市》《资本的限度》和《新帝国主义》等。《新自由主义简史》一书 200 余页,由牛津大学出版社 2005 年出版,是哈维批判全球新自由主义转型的力作。全书融汇了来自批判政治经济学、地理和空间研究以及文化理论等跨学科的视角,在学界产生了广泛的影响,引用率接近 2 万次。中文译本由上海译文出版社于 2010 年出版。这里收录了该书的第五章。

了权威主义与资本主义市场的兼容并存。

虽然平均主义作为中国的长远目标并没有被放弃,但邓小平还是指出,要释放个人和地方的积极性,从而提高生产力,刺激经济增长。这样做必然会带来某种程度的不平等,但最好把它理解为需要容忍的事情。在"小康"(一个理想社会的概念,其中人人安居乐业)的口号下,邓小平关注的是"四个现代化":农业、工业、教育和国防科技现代化。改革力图引入市场力量,在内部支撑起中国经济。其理念是刺激国有企业之间的竞争,并希望借此促进创新和发展。市场价格机制被引入,但比这更重要的是,中央政治经济权力迅速下放到各个区域和地方。这最后一步被证明尤为精明。与权力中心的传统对抗得以避免,地方的积极性可以为新的社会秩序开疆拓土,创新失败很快就被忘掉了。为配合这一努力,中国还向外国贸易和海外投资开放(虽然是在严格的国家监督下),由此终结了中国对世界市场的孤立。此类试验起初主要限于邻近香港的广东省,与北京保持适当距离。对外开放的目标之一是购买技术转让(因此强调外国资本和中国参与者双方合资合营),另一个目标是获取足够的外资储备以大量购买必要设备,为国内经济的进一步发展提供动力。①

在涉及世界市场如何运作方面,要不是发达资本主义世界发生了看上去与中国关系不大的转变,中国的上述改革或许不会有我们今天赋予它们的重要性,中国随后惊人的经济进展或许也不会采取如今这条道路并取得这样的成绩。20 世纪 80 年代期间,新自由主义政策在国际贸易中的力量越来越大,将整个世界开放给转型市场

---

① Lardy, N., *China's Unfinished Economic Revolution*, Washington, DC: Brookings Institution, 1998; Li, S.-M. and Tang, W.-S., *China's Regions*, *Polity and Economy*, Hong Kong: Chinese University Press, 2000.

和金融力量。就此而言,这为中国乘乱进入并融合到世界市场打开了空间,而在布雷顿森林体系下,这一过程是不可能的。中国作为全球经济大国的醒目出场,部分而言是发达资本主义世界的新自由主义转向所带来的意外结果。

一、 国内转型

这样说,绝非低估中国内部进行的改革运动的曲折道路。因为中国必须认识到(某种程度上这一认识过程仍在继续)的事情之一就是,如果没有相应的改变(阶级关系、私有权,以及所有其他制度安排,用以典型地奠定市场经济发展的基础),市场本身无法改变经济。沿着这条道路的发展并不连贯,也时常遇到紧张和危机,外来的刺激甚至是威胁当然在其中扮演了重要角色。这究竟是有意识的但也是适应性的计划(如邓小平说的"摸着石头过河"),还是由党派人物支持的、产生自邓小平市场改革最初设想的必然逻辑,无疑还将争论很久。[①]

可以确切地说,中国没有采取"休克疗法"——这是后来 20 世纪 90 年代由国际货币基金组织、世界银行和"华盛顿共识"强加给俄罗斯和中欧的道路,令其快速私有化——所以成功避免了困扰这些国家的经济灾难。中国走了自己独特的"有中国特色的社会主义"道路,或某些人更喜欢称之为"有中国特色的市场化"道路,二十多年来它成功建立了一种国家操控的市场经济,带来了惊人的经济

---

① 我有些倾向于后一种解释,虽然不如哈特·兰斯伯格和伯克特的解释那么有力,但我在此还是会广泛参考这种解释。见 Hart-Landsberg, M. and Burkett, P., "China and Socialism: Market Reforms and Class Struggle", *Monthly Review*, Vol.56, No.3(2004)。

增长(年均增长 10％),并提高了相当多人民的生活质量。①但经济改革也造成了环境破坏、社会不平等,最终还有某种看上去令人不安的事情——资产阶级力量的重建。

如果不勾勒出这一转型的总体道路,要理解其中的细节是很困难的。中国政治很难探个究竟,它被党内权力斗争的秘密覆盖得层层叠叠,而党则旨在保持其独特和唯一的执政地位。重要决定会在党代会上得到批准,安排好每一步改革试验。然而,党不太可能轻易抵制资产阶级在内部进行的积极重建。它几乎肯定要支持经济改革,以便积聚财富并提升自己的技术能力,从而能够更好地对付国内异议,更好地防卫外来入侵,并在发展日益迅速的东亚和东南亚地区将自己的力量辐射到周边地缘政治的利益领域。经济发展被看作实现这些目的的手段,而不是目的本身。此外,实际采取的发展道路似乎符合如下目标:防止中国内部形成任何稳固的资产阶级权力集团。对海外直接投资的严重依赖(与日本和韩国所采取的经济发展策略截然不同),把资产阶级所有制保持在海外(见下页表 1),因而国家可以相对容易地进行控制(起码就中国人来说)。②对外国证券投资设置的壁垒有效限制了国际金融资本在中国的势力。中国不愿意允许国有银行(如证券市场和资本市场)之外的金融调节形式,这就令资本丧失了其面对国家权力时的重要武器。长期以来,试图在保持国有制结构不受影响的同时释放管理自主性,也类似地带有试图抑制资产阶级形成的意味。

---

① Cao, L., "Chinese Privatization: Between Plan and Market", *Law and Contemporary Problems*, Vol.63, No.13(2000), pp.13—62.

② 这一点在以下文章中有详细说明:Huang, Y., "Is China Playing by the Rules?", Congressional-Executive Commission on China, http://www.cecc.gov/pages/hearings/092403/huang.php。

表 1 资产流入测量：外国贷款、海外直接投资、契约联盟（1979—2002 年）

年份	总计（1亿美元计）				总资本流入所占份额比例		
	总计	外债	海外直接投资实际流入	契约结盟	外债	海外直接投资实际流入	契约结盟
1979—1982	124.57	106.90	11.66	6.01	85.82	9.36	4.82
1983	19.81	10.65	6.36	2.80	53.76	32.10	14.13
1984	27.05	12.86	12.58	1.61	47.54	46.51	5.95
1985	46.45	26.88	16.61	2.96	57.87	35.76	6.37
1986	72.57	50.14	18.74	3.69	69.09	25.82	5.08
1987	84.52	58.05	23.14	3.33	68.68	27.38	3.94
1988	102.27	64.87	31.94	5.46	63.43	31.23	5.34
1989	100.59	62.86	33.92	3.81	62.49	33.72	3.79
1990	102.89	65.34	34.87	2.68	63.50	33.89	2.60
1991	115.55	68.88	43.66	3.01	59.61	37.78	2.60
1992	192.03	79.11	110.07	2.85	41.20	57.32	1.48
1993	389.60	111.89	275.15	2.56	28.72	70.62	0.66
1994	432.13	92.67	337.67	1.79	21.44	78.14	0.41
1995	481.33	103.27	375.21	2.85	21.46	77.95	0.59
1996	548.04	126.69	417.26	4.09	23.12	76.14	0.75
1997	587.51	120.21	452.57	14.73	20.46	77.03	2.51
1998	579.36	110.00	454.63	14.72	18.99	78.47	2.54
1999	526.6	102.12	403.19	15.18	19.4	76.6	2.88
2000	594.5	100	407.1	17.71	16.8	68.5	2.98
2001	496.8	—	468.8	18.4	—	94.4	3.7
2002	550.1	—	527.4	21.3	—	95.9	3.87

资料来源：Huang, Y., "Is China Playing by Rules?", Congressional-Executive Commission on China, http://www.cecc.gov/pages/hearing/092403/huang.php。

　　但是，中国共产党还是不得不面对一系列棘手的困境。海外华人商人的散布状态提供了关键的外部连接，而在 1997 年回归中国的香港早就沿着资本主义道路建构起来了。中国政府不得不与两方面妥协，也要与国际贸易的新自由主义规则（通过世界贸易组织确立，中国 2001 年加入了这一组织）进行妥协。汪晖对另一波新自由主义改革浪潮概括说：

货币政策成为主要的调控手段;大幅度调整外汇牌价,汇率接近统一,从而促进了出口,对外贸易形成了竞争和自负盈亏的经营机制;"双轨制"的差价缩小;上海浦东地区全面开放,各地开发区纷纷上马,等等。[①]

年迈的邓小平 1992 年亲自视察改革开放给经济发展带来了什么影响。视察后,他自己说感到非常满意。他说"致富光荣",还说"不管黑猫白猫,抓到老鼠就是好猫"。整个中国都开放给市场力量和外国资本,尽管仍处于党的监督下。城市地区鼓励消费民主,从而遏止了社会动荡。以市场为基础的经济发展接着便加速进行,有时几乎要超出党的调控。

1978 年邓小平开始改革进程时,一切重要的事情都位于国家部门,国有企业占据经济领导部门地位。根据大多数论者的观点,这些国有企业具有相当的盈利能力,它们不仅为职工提供就业保障,还提供广泛的福利和养老金等优惠(人们所谓的"铁饭碗"或国家生活保障)。此外,还有许多地方的国有企业受到省市或当地政府的控制。农业部门根据公社体系组织起来,大多数论者承认这种体系在生产力上落后,急需改革。福利安排和社会供给内化于每个部门,虽然分布是不均衡的。乡村居民最少受到照顾,并且户籍制度把他们和城市人口区隔开,城市人口得到许多福利和权利,而乡村人口则没有。户籍制度还成功阻止了大规模乡村迁入城市的移民潮。每个部门都被整合进一个地方性组织的政府计划体系,在其中按计划规定产量目标并分配生产投入。国有银行大体上是存款

---

① Wang, H., *China's New Order: Society, Politics and Economy in Transition*, Cambridge, Mass: Harvard University Press, p.66.

储备所,并负责提供政府预算之外的投资资本。

　　国有企业作为国家控制经济的稳固中心,存在了相当长的时间。这些企业给予职工的保障和利益——虽然随着时间推移越来越微薄——多年来为相当部分的人民群众维持着一张社会安全网络。通过解散农业合作社,提倡个体化的"个人责任体系",一种更开放的市场经济围绕国有企业创建起来。公社资金被用于建立乡镇企业,而后者成了创业精神、弹性劳动活动、开放市场竞争的中心。起初,完全的私有部门仅限于小规模生产、贸易、服务行业,还有雇佣劳动方面的限制(随着时间推移,这样的限制渐渐放宽了)。最终,外国资本流入,在20世纪90年代期间积聚势头强劲。外国资本一开始还被限制在合资合营领域和部分地区,但最终所向披靡——虽然分布不均衡。国有银行体系在80年代扩大了,逐步取代中央来为国有企业、乡镇企业和私有部门提供信贷规定。这些不同的部门并不各自独立发展,乡镇企业起先从农业部门筹措资金,并为产品提供市场,或给国有企业提供调节性的生产投入。随着时间的推移,外国资本开始进入乡镇企业和国有企业,私有部门变得越来越重要——既是直接的(以所有者的形式),也是间接的(以股东的形式)。国有企业变得不那么能盈利了,而它们得到的银行信贷利息却很低。随着市场部门力量和重要性的增大,整个经济朝向新自由主义结构迈进。①

　　那么,需要考虑的就是各个不同部门如何经历了发展。就农业而言,20世纪80年代初农民有权在"个人责任"体系下利用公社土地。起初,农民可以按照自由市场价格出售剩余农产品(超出公社

---

① Hale, D. and Hale, L., "China Takes Off", *Foreign Affairs*, Vol. 82, No. 6 (2003), pp. 36—53.

目标的那些数量），而不用按照国家制定的价格。到80年代末，公社已经完全解体，虽然农民无法正式拥有土地，但他们可以租赁和出租土地，雇用劳动力，并按照市场价格出售产品（双重价格体系实际上崩溃了）。结果，1978年到1984年间，农村收入惊人地以每年14％的速度增长，产量也类似地增长了。从此以后，农村收入停滞不前甚至实际有所下跌（尤其是1995年以后），只有一小部分特选的生产领域和生产线不受影响。城乡收入差距明显扩大，城市收入在1985年平均只有每年80美元，2004年这个数字蹿升到超过1 000美元，而农村收入在同一时期只是从将近50美元上涨到将近300美元。此外，以前在公社内部建立的集体性社会福利（虽然可能很薄弱），如今也丧失了，这意味着农民不得不面临各种开销负担：孩子上学、医疗卫生，等等。这些对大多数常驻城市人口而言不是问题，他们在1995年后也受到照顾：一项房产法律使城市居民获得房产所有权，他们由此可以进行房地产价值投机。根据估算，中国城乡实际收入差距如今比世界上其他任何国家都要高。①

　　农村居民被迫到他处谋生，结果许多农村移民（很多是年轻女性）拥到城市里（不合法律也没有居住权），形成了庞大的劳动力储备（一群法律地位不确定的"漂泊"人口）。中国目前是"有史以来世界上发生最大规模的人口迁移"的地方，"曾经重塑美国和现代西方世界的移民，与中国相比已是小巫见大巫"。据官方统计，有"1.14亿迁移劳工暂时或永久离开农村，到城市里找工作"，政府专家"预计到2020年这个数字将增加到3亿，并最终上升到5亿"。上海一个市就有"300万迁移劳工；相比之下，1820年到1930年期间，整个

① Kahn, J. and Yardley, J., "Amid China's Boom, No Helping Hand for Young Qingming", *New York Times*, 1 Aug. 2004, A1 and A6.

爱尔兰去向美国的移民大概也只有 450 万人"。①这支劳动力很容易受到严重剥削,并给城市居民工资带来压力。但是,城市化步伐很难停下来,速率保持在每年约 15%。由于农村部门缺乏动力,如今人们广泛同意,不管出了什么问题,要么在城市解决,要么根本就不解决。寄回农村的汇款如今成为农村人口赖以为生的重要部分,农业部门悲惨的状况及其产生的不稳定是今天中国政府面临的极其严重的问题。②

公社解体后,此前的公社政治和行政权力移交到新建立的乡镇政府手里,后者是根据 1982 年宪法设置的。后来的立法允许这些政府占有公社的实业资产并把它们重建为乡镇企业。地方政府从中央控制解放出来后,典型地摆出了创业的姿态。农村收入刚开始大幅增长,提供了可以重新投入乡镇企业的储蓄。以当地范围为依靠,与外国资本的合资合营(尤其是来自香港的资本,或通过散布世界各地的华商)也得到广泛开展。大城市(如上海)和省区(如广东)边缘的乡镇企业特别活跃,这些城市地区都向外国投资自由开放。在改革的最初 15 年里,乡镇企业成为不可思议的经济动力来源。到 1995 年,乡镇企业职工数量达 1.28 亿人(见下页表 2)。这些企业致力于平民实验,发挥着改革奠基石的作用。③乡镇企业奏效的先例可能随后就成为国家政策的基础。为经济大幅增长做出贡献的主要功臣,来自轻工业生产的出口消费品,由此引领中国走向一条出口工业化道

① Yardley, J., "In a Tidal Wave, China's Masses Pour from Farm to City", *New York Times*, Sept.12, 2004, Week in Review, 6.
② Kahn, J. and Yardley, J., "Amid China's Boom, No Helping Hand for Young Qingming", *New York Times*, 1 Aug. 2004, A1 and A6.
③ Stevenson, C., "Reforming State-Owned Enterprises: Past Lessons for Current Problems", Washington, DC: George Washington University, http: www. gwu. edu/~ylowrey/stevenonc. htttml.

路。然而,国家在 1987 年才最终定下出口导向型的发展思路。

表 2　变化中的中国就业结构（1980—2002 年,以百万人计）

	1980	1990	1995	2000	2002
总计	423.6	647.5	680.7	720.9	737.4
城市	105.3	170.4	190.4	231.5	247.8
国家	80.2	103.5	112.6	81.0	71.6
（国有企业）	67.0	73.0	76.4	43.9	35.3
集体	24.3	35.5	31.5	15.0	11.2
混合所有	0	1.0	3.7	13.4	18.3
外资所有	0	0.7	5.1	6.4	7.6
私人所有	0.8	6.7	20.6	34	42.7
剩余	0	23.1	16.9	81.6	96.4
农村	318.4	477.1	490.3	489.3	489.6
乡镇企业	30.0	92.7	128.6	128.2	132.9
私人所有		1.1	4.7	11.4	14.1
个体经营		14.9	30.5	29.3	24.7
农民	288.4	368.4	326.4	320.4	317.9

资料来源:Pœasad, E. ed., "China's Growth and Integration into the World Economy: Prospects and Challenges", Occasional Paper 232, Washington D.C. International Monetary Fund, 2004, chart 8.1。

　　关于乡镇企业的性质,人们做出的解释五花八门。有些人用证据指出,乡镇企业就是私人企业,"除了名字不是",这些企业剥削低廉的农村或迁移劳动力,尤其是年轻女性,而且运营完全不受任何管制。乡镇企业工资经常相当低,也不提供任何福利或法律保护。但是,有些乡镇企业提供有限的福利和养老金,也有法律保护。在过渡期的混乱状态中,各种差别都会冒出来,而这些差别经常标志着地方和区域的表现形式。①

---

① Hart-Landsberg, M. and Burkett, P., "China and Socialism: Market Reform and Class Struggle", *Monthly Review*, Vol. 56, No. 3 (2004), 35; Li, S.-M. and Tang, W.-S., *China's Regions*, *Polity and Economy*, Hong Kong: Chinese University Press, 2000.

　　20世纪80年代期间日益清晰的是,中国惊人的经济增长率大部分来源于国有企业之外的部门。在革命年代,国有企业为劳动力提供工作保障和社会保障。但在1983年,国有企业被允许雇用"合同工"——没有任何社会保障和有限期的职位。[①]国有企业还被认可在公有制外拥有更大的管理自主性,管理者可以保留一部分的利润,超出目标的剩余产品也可以按自由市场价格出售。市场价往往要比官方价格高出许多,由此确立了一种艰难而短命的双重价格体系。尽管有上述刺激因素,国有企业还是没能兴盛。很多国有企业陷入债务困难,不得不靠中央政府或国有银行(它们被鼓励以有利条款借贷给国有企业)支撑下去。此举后来给银行带来严重的问题,因为国有企业的不良贷款大幅增长。国有企业部门进一步改革势在必行。所以,1993年国家决定"把指定的大型和中型国有企业改为有限责任制或股份制企业"。前一种企业将拥有"二至五十名股东",而后一种将拥有"超过五十名股东,可以公开发行证券"。一年后,一项更宽泛的企业化方案出台:除了最重要的国有企业外,其余国有企业均转为"股份基础的合作制",所有员工名义上都有认购股份的权利。进一步的国有企业民营化/转制浪潮发生于90年代末,到2002年,国有企业仅占全部制造业就业人口的14%,1990年这个数字是40%。国家最近的动作则是把乡镇企业和国有企业完全开放给外资所有。[②]

　　对于海外直接投资来说,它们在20世纪80年代得到了各不相同的结果。起初海外直接投资被引入南方沿海四大经济特区,这些

[①] Hart-Landsberg, M. and Burkett, P., "China and Socialism: Market Reform and Class Struggle", *Monthly Review*, Vol.56, No.3(2004), p.38.

[②] Hart-Landsberg, M. and Burkett, P., "China and Socialism: Market Reform and Class Struggle", and Global Policy Forum, Newsletter "China's Privatization", http:www.globalpolicy.org.socecon/ffd/fdi/2003/1112chinaprivatization.

特区"起初的目标是生产出口商品,赚取外汇。它们也扮演着社会和经济实验地的角色,了解外国技术和管理方法。它们提供了一系列吸引外国投资者的政策,包括免税期、早期利润汇款、更好的基础设施服务"①。但是,外国企业尝试在汽车和制造业等领域开拓中国内部市场,却并不奏效。虽然大众汽车和福特汽车(勉强)生存下来,通用汽车却在90年代初失败了。最初的成功仅仅在几个部门清楚记录下来,这些部门出口包含着大量劳动力的商品。90年代初,超过2/3的外商直接投资(存活下来的商业投资甚至比这个数字更高)都是由境外华人组织的(尤其是来自香港的华人,但也有来自台湾的)。资本主义企业受到的法律保护很薄弱,致使海外华人要利用自己的特权地位,付出额外费用开发非正式的地方关系和信用网络。②

　　随后,中国政府指定了几个"沿海开放城市"和"经济开发区"给外国投资。1995年后,中国政府实际上把整个国家开放给任何形式的外商直接投资。1997—1998年,席卷乡镇制造业的破产浪潮,波及主要城市中心的许多国有企业,成为一个分水岭。接下来,竞争价格机制接管了从中央向地方下放的权力,成为推动经济重构的核心步骤。结果,大量国有企业就算没有被摧毁,也受到了重创,产生了大量的失业人口。大量劳工怨声四起,中国政府面临困境:要想维持自己的存在,就得吸收大量过剩劳动力。③中国政府不能仅仅依靠日益庞大的外商直接投资来解决问题,虽然这一手可能也很

---

① Li, S.-M. and Tang, W.-S., *China's Regions, Policy and Economy*, Hong Kong: Chinese University Press, 2000, ch.6.

② Ibid., p.82.

③ China Labor Watch, "Mainland China Jobless Situation Grim, Minister Says", http://www.chinalaborwatch.org/en/web/article.php?article_id=50043, 18 Nov.2004.

重要。

　　自 1998 年起，中国人就设法通过以下方式解决这个问题：贷款
投资大型工程项目，改造物质基础设施。他们正在规划一项比已然
规模宏大的三峡大坝更雄心勃勃的计划（耗资至少 600 亿美元）：把
长江的水引入黄河。惊人的城市化速率（自 1992 年以来，不少于 42
个城市已扩大到超过 100 万人口的规模）需要巨额的固定资本投
资。主要城市建立了新的轨道交通系统和高速公路，8 500 英里的
新铁路将连通内陆地区和沿海经济动力地区，包括一条上海与北京
间的快速铁路以及一条通往西藏的铁路。奥运会也给北京带来大
量投资。"中国还试图建立一个城际高速公路系统，比美国五十年
前建立的更大，虽然实际上每座大城市正在建立或刚刚建成了大型
新机场。"迄今为止，中国已经有"超过 1.5 万条高速公路正在施工，
将给国家增添 16.2 万千米的道路，长度足足绕地球赤道四周"①。
这些工程远远超过美国 20 世纪 50 年代和 60 年代期间所建的城际
高速公路系统，也有潜力在未来数年内吸收剩余资本和劳动力。然
而，这些工程是财政赤字投资的（按照经典的凯恩斯主义方式）。另
外，它也产生了高风险，因为如果投资不能如期收益，那么财政危机
就会很快到来。

　　快速城市化提供了一种渠道，可以吸收大量集中在城市的农村
劳动力。例如，毗邻香港北部的东莞在短短 20 年内从一个小城镇
发展为拥有 700 万居民的城市。但是，"城市官员不满足于每年
23％的经济发展速度。他们为一个巨大而崭新的城市添上最后一

---

① Kahn, J., "China Gambles on Big Projects for Its Stability", *New York Times*,
13 Jan. 2003, A1 and A8; Bradsher, K., "Chinese Builders Buy Abroad", *New
York Times*, 2 Dec.2003, W1 and W7; Fishman, T., "The Chinese Century",
New York Times Magazine, 4 July.

笔——他们希望吸收 30 万工程师和研究人员,这将是全新中国的先驱者"①。东莞也将是所谓世界上最大的购物中心之所在地(由一位华人亿万富翁建造,有七个区域分别仿造阿姆斯特丹、巴黎、罗马、威尼斯、埃及、加勒比、加利福尼亚,据说每个都建造得惟妙惟肖、难辨真假)。

这类新型城市之间总是处于激烈的城际竞争。例如,在珠江三角洲地区,每座城市现在都设法尽可能多地捕捉商机,"比周围城市建造得更好,这种做法往往带来双重结果。20 世纪 90 年代末,方圆一百公里内建了五个国际机场,港口和桥梁也要如法炮制"②。各省市和城市都抵制中央对其投资的管制,部分是因为它们有权力出售房产开发权,从而为自己的规划筹措资金。

城市也成为疯狂的地产开发和房地产投机的聚集地:

20 世纪 90 年代初期到中期,一种"赌场心态"掳获了这个国家,各地银行和其他金融机构忙不迭地资助大规模的地产开发。上流阶级的办公空间、奢侈的别墅、装潢考究的城市住宅和公寓一夜间拔地而起,不仅北京、上海、广州等主要城市如此,许多更小的省市和沿海城镇也是如此……所谓的"上海泡沫"将这个一度单调的城市改造为世界上最富丽堂皇的大都市之一。到 1995 年底,上海盖了超过 1 000 座摩天大楼,近 100 家五星级宾馆,约 1 350 万平方英尺的办公空间,这个数字是 1994 年 270 万平方英尺的五倍,而一个"烫手"的房产市场正在

① French,H.,"New Boomtowns Change Path of China's Growth", *New York Times*, 28 Jul. 2004, A1 and A8.
② Bradsher,K.,"Big China Trade Brings Port War", *International Herald Tribune*, 27 Jan.2003, p.12.

以超过新纽约的速度积累股本……1996 年后半年泡沫破裂，
相当程度上是由于低效率的资源配置和生产力过剩。①

但是，20 世纪 90 年代末强势恢复的增长势头，据说到 2004 年
止，在核心城市市场中又涌现出许多建筑。②

中国基本属国家所有的银行体系，在这一切背后扮演着金融角
色。1985 年后，这一部门快速扩大。例如，到 1993 年，国家银行的
分支银行数量已经"从 60 785 家增加到 143 796 家，员工从 973 355
名增加到 1 893 957 名。储蓄同期从 4 273 亿元人民币（折合美元
516 亿）增加到 23 000 亿元人民币，总贷款从 5 905 亿元人民币增加
到 26 000 亿元人民币"③。到那时为止，银行开支超过政府预算达
五倍。大量资金被用于濒临破产的国有企业，银行显然"要为创造
'资产泡沫'负主要责任，尤其是在不稳定的房产领域和建筑部门"。
不良贷款成为问题，最终中央政府不得不花费"巨额资金清除呆
账"，相当于美国在 1987 年解救储蓄和贷款行业所花的资金（那次
经济援助"在公共基金上花了 1 238 亿美元，在金融机构的辅助性
存款保险金上花了 291 亿美元"）。例如，2003 年中国政府宣布从其
外汇储备中综合转让出 450 亿美元给两家大型政府银行，这是"不
到六年内给予银行体系的数目第三大的经济援助"④。尽管不良贷

① Sharma, S., "Stability Amidst Turmoil: China and the Asian Financial Crisis", *Asia Quarterly* (Winter 2000), www. fas. harvard. edu/~ asiactr/haq/2000001/0001a006. htm.
② Hale, D. and Hale, L., "China Takes Off", *Foreign Affairs*, Vol.82, No.6(2003), p.40.
③ Liu, H., "China: Banking on Bank Reform", Asia Times Online, atimes. com, 1 Jun. 2002.
④ Bradsher, K., "A Heated Chinese Economy Piles up Debt", *New York Times*, 4 Sept.2003, A1 and C4; Bradsher, K., "China Announces New Bailout of Big Banks", *New York Times*, 7 Jan.2004, C1.

款资产占了中国国内生产总值约 35%，但这个数字与美国联邦政府的预算超支与消费者债务比起来不算什么，后两者超过了美国国内生产总值的 300%。①

中国有一个方面显然是向日本学习的：教育和科技的现代化，必须伴有明确无误的研究和发展策略，既是为了军事目的也是为了民间目的。中国在这些领域的投资相当大，如今甚至可以提供商业人造卫星（这令美国很愤怒）。但是从 20 世纪 90 年代末以来，许多外国企业开始将相当数量的研究和开发活动转到中国，微软、甲骨文、摩托罗拉、西门子、IBM、英特尔在中国都设立了研究实验室，因为中国"作为技术市场越来越有重要性，也越来越复杂"，中国也有"大批技术精湛但经验不足的科学家，而中国的消费者虽然还是比较穷，但正在越来越富裕，且渴望新的技术"②。包括英国石油公司和通用汽车等巨头在内的 200 多家主要外国企业，如今都将大量研究活动放在中国。这些企业经常抱怨，认为中国本地企业非法盗版它们的技术和设计。但它们对此也无计可施，因为中国政府不愿干预；而且，如果它们过于纠缠这类事件，中国政府可能给它们制造麻烦，致使其难以在这个世界上最大的市场中施展拳脚。活跃的不仅仅是欧美企业，日本和韩国在中国许多大型的"研究型城市"中投资，以期利用高新技术和廉价劳动力。整体结果是，中国更能吸引高科技部门的经济活动。③甚至印度的一些高科技企业也发现，将经济活动投放到中国更为便宜。本地的高科技部门也在许多领域

① Liu，H.，"China：Banking on Bank Reform"，Asia Times Online，atimes. com，1 Jun. 2002.

② Buckley，C.，"Let a Thousand Ideas Flower：China Is a New Hotbed of Research"，*New York Times*，13 Sept. 2004，C1 and C4.

③ Warner，J.，"Why the World's Economy Is Stuck on a Fast Boat to China"，*The Independent*，Jan.24，2004，23.

中腾飞。例如，在深圳，"规模越来越大的大学校园，拥有许多明快光洁的石板和玻璃建筑（就算在硅谷也不落伍），容纳了许多工程师，由他们和其他人组成的 1 万人的工程师团队，后来将华为建设成中国在通讯领域第一个具备国际竞争力的企业"。90 年代末，"华为开始在亚洲、中东和俄罗斯大幅投资建立销售网络；它如今在 40 个国家销售产品，价格往往要比竞争对手低 1/3"[1]。在个人电脑营销和生产领域，中国企业如今也表现得非常活跃。

二、 对外关系

1978 年，对外贸易仅占中国国民生产总值的 7%；但是，到了 20 世纪 90 年代初，这个数字涨到 40%，并自此一直维持在这个水平。中国在世界贸易中的份额也在同期增加了四倍。到 2002 年，中国国内生产总值的 40% 以上来自海外直接投资（其中制造业占了半数）。到那时为止，中国已经成为拥有外商直接投资最多的发展中国家，而许多跨国公司也正从中国市场获利甚丰。通用汽车曾在 90 年代初冒险失败，但 90 年代末重新进入中国市场，到 2003 年报告说它在中国的利润远远高于其美国国内企业。[2]

看起来，似乎出口导向型发展策略获得了巨大成功。但这一切都出乎 1978 年计划之外。邓小平发出了国内自力更生政策的信号，但最初对外开放还是尝试性的，并且仅限于广东的几个经济特区。直到 1987 年，中国共产党注意到广东的成功试验，才接受了出

[1] Buckley, C., "Rapid Growth of China's Huawei Has Its High-Tech Rivals on Guard", *New York Times*, 6 Oct. 2003, C1 and C3.
[2] Bradsher, K., "GM to Speed Up Expansion in China: An Annual Goal of 1.3 Million Cars", *New York Times*, 8 Jun. 2004, W1 and W7.

口导向型发展。而只有到邓小平 1992 年南方谈话之后,中央政府才全力推动向海外贸易和海外直接投资的开放。[①]例如,在 1994 年,通过官方汇率贬值 50%,双重汇率制(官方和市场)得以废除。虽然这次贬值在国内激起了些许通胀危机,但它却为贸易大幅增长和资本大规模流入铺好了道路,而后两者使中国如今拥有世界上最有活力和最成功的经济。至于这为新自由主义化的未来预示着什么,还有待观察,因为新自由主义化借助竞争性不均衡地理发展具有瞬息万变的特点。

邓小平策略的初步成功依赖和香港的联系。作为亚洲经济"小龙"之一,香港已经是一个重要的资本主义动力中心。不同于这一区域的其他国家和地区(新加坡、中国台湾地区、韩国)纷纷采取高度的国家计划,香港在没有大规模政府指导的情况下,以一种更为混乱的企业方式进行发展。华人商人已经建立起重要的全球联络,香港在其中轻易就占据了中心。香港制造业曾经依照高强度劳动和低增值的路线发展(以纺织业为首),但到 20 世纪 70 年代末,香港遭受了海外竞争的严重打击,劳动力也急剧短缺。隔海相望的中国广东拥有世界上最廉价的劳动力,因此,邓小平的开放政策不啻天赐良机。香港资本抓住了这次机遇,它利用许多隐秘的联系跨越边境进入中国内地,调节中国内地已有的所有对外贸易,并利用其全球经济营销网络使中国内地制造的商品可以轻易流动。

至迟在 20 世纪 90 年代中期,中国内地近 2/3 的外商直接投资(FDI)是通过香港进入的。虽然其中部分是香港的专业经济调节,以寻求更多样的外国资本渠道,但毫无疑问的是,香港毗邻的地理

---

① Zhang, Z., *Whither China? Intellectual Politics in Contemporary China*, Durham, NC: Duke University Press, 2001.

位置这一偶然事实，对于中国大陆整体上展开的发展道路至关重要。例如，深圳市的城市经济开发区在 80 年代初并不成功。吸引香港资本家的是农村地区新创建的乡镇企业，香港资本提供机器、生产投入和市场营销，乡镇企业从事生产。这种运营方式一旦建立，其他外来资本家也可以效仿。外商直接投资的来源在 90 年代期间非常多样，因为日本、韩国和美国企业开始极大程度地利用中国作为海外生产中心。

20 世纪 90 年代中期可以看得很清楚，中国庞大的国内市场对外国资本越来越有吸引力。虽然只有 10% 的中国人拥有一个初生且日益壮大的中产阶级的购买力，但在超过十亿的人口中有 10%，这依然是个庞大的国内市场。竞争纷纷展开，为这群人提供汽车、手机、DVD、电视机、洗衣机，此外还有购物中心、高速公路、"奢侈"住宅。汽车月平均产量从 1993 年的 2 万辆左右上升到 2001 年的 5 万辆以上，此后又在 2004 年中一跃增加到每月近 25 万辆。一波外商投资的浪潮（从沃尔玛到麦当劳再到电脑芯片生产，无所不包）涌入中国，预示国内市场在将来的快速发展，尽管还存在制度上的不确定性、国家政策的不确定性，以及显然还有生产过剩的危险。①

强烈依赖外商直接投资使中国成了一个特例，与日本或韩国相当不同。结果，中国的资本主义不太完整，内部区域间贸易发展非常薄弱，哪怕已经在新型通讯方式方面投入大量资金。广东等省份与外国进行的贸易，远远多于它和中国其他地区进行的贸易。在中国，资本并不会轻易地从一处流向另一处，虽然最近发生了许多合

---

① Bradsher, K., "China's Factories Aim to Fill Garages Around the World", *New York Times*, 2 Nov.2003, International Section, 8; Bradsher, K., "GM to Speed Up Expansion in China"; Bradsher, K., "Is China The Next Bubble?", *New York Times*, 18 Jan.2004, sect.3, 1 and 4.

并行为,以及由政府主导的、在不同省份之间建立区域联合的尝试。①所以,对外商直接投资的依赖仅有些许缩减,即资源配置和资本主义连接在中国内部得到改善。②

随着时间推移,尤其是在过去四年内,中国的对外贸易关系发生了变化。虽然这和 2001 年中国加入世界贸易组织有很大关系,但中国经济发展的纯粹动力,以及国际竞争结构的不断变化,已经使贸易关系的关键重组不可避免。在 20 世纪 80 年代,中国在全球市场上的地位主要是依靠低增值产品,依靠在国际市场上大批销售廉价纺织品、玩具、塑料制品而确立的。毛泽东的政策留给中国充分自足的能源和许多原材料(中国是世界上最大的棉花生产国之一),中国内地仅仅需要进口机器和技术,并(依靠香港地区的殷勤相助)获得进入市场的渠道。它可以利用自己的廉价劳动力获得巨大的竞争优势。中国内地纺织品生产的每小时工资在 90 年代末维持在 30 美分;相比之下,墨西哥和韩国是 2.75 美元,香港和台湾地区的水平徘徊在 5 美元左右,而美国则要超过 10 美元。③然而,中国内地产品在最初阶段听命于台湾和香港地区的商人,后者为中国内地提供全球市场的渠道并牟取巨额贸易利润,然后通过收购或投资乡镇企业或国有企业,日益实现反向企业合并。在珠江三角洲地区,生产企业雇用多达 4 万名劳工都不算稀奇。此外,低报酬使得有可能产生资本节约创新。高生产力的美国工厂使用昂贵的机械系统,但"中国工厂颠倒了这个过程,它们把资本抽出生产过程,再把更

---

① Bradsher, K., "Chinese Provinces Form Regional Power Bloc", *New York Times*, 2 June 2004, W1 and W7.

② Yasheng, H. and Khanna, T., "Can India Overtake China?", *China Now Magazine*, 3 Apr.2004, www.chinanowmag.com/business/business.htm.

③ Dicken, P., *Global Shift: Reshaping the Global Economic Map in the 21st Century*, 4th edn., New York: Guilford Press, 2003, p.332.

多的劳动力重新投入进去",总共所需资本一般可以减少 1/3。"低工资和低资本投入的结合,典型地使资本收益率比美国工厂高。"①

不可思议的劳动力工资优势,意味着中国可以在低增值生产部门领域(如纺织品)和其他低成本国家展开竞争,如墨西哥、印度尼西亚、越南和泰国。随着中国(虽然有北美自由贸易协定)赶超墨西哥成为美国消费品市场的主要供应商,墨西哥在短短两年内失去了 20 万个工作岗位。20 世纪 90 年代期间,中国大陆开始转向高增值生产,并在电子技术和机械工具等领域与韩国、日本、台湾地区、马来西亚、新加坡展开竞争。这部分是因为上述国家和地区的企业决定将生产移向海外,利用海外大量价廉技高的劳动力——这些劳动力都是中国大学系统栽培出来的。起初,最大规模的企业流入来自台湾地区,据说如今有多达 100 万名台湾企业家和工程师在中国大陆生活和工作,他们占据着很大的生产力。来自韩国的企业数量也很多。韩国电子企业如今在中国有许多分支企业。例如,2003 年 9 月,三星电子宣布正在把个人电脑生产业务完全移到中国,三星此前已在中国投资了 25 亿美元,"建立了 10 个销售子公司,26 个生产公司,总共雇用了 4.2 万人"②。日本在中国的生产外包导致日本制造业就业从 1992 年的 1 570 万人下降到 2001 年的 1 310 万人。日本企业同样也开始从马来西亚、泰国等地撤出,以重新投入中国。这些企业在中国投资甚多,以至于"一半以上的中日贸易是在日本

① Hout,T. and Lebretton,J.,"The Real Contest between America and China", The Wall Street Journal on Line, 16 Sept.2003;有趣的是,这正是马克思当年评论 19 世纪英国和美国利用技术的不同方式。见 *Capital*, New York: International Publishers, 1967, i.371—372。

② Hart-Landsberg, M. and Burkett, P., China and Socialism: Market Reform and Class Struggle", *Monthly Review*, Vol. 56, No. 3(2004), pp.94—95; Brooke, K., "Korea Feeling Pressure as China Grows", *New York Times*, 8 Jan.2003, W1 and W7.

企业之间进行的"①。正如在美国发生的情况那样,有可能企业日子过得很好,自己国家却饱受煎熬。中国给美国造成的制造业岗位减少,不如在日本、韩国、墨西哥等地那么多。中国的惊人增长——既是国内的增长,也是国际贸易地位上的增长——对应着日本经济的长期衰退、生产落后、出口滞胀,以及东亚和东南亚其他地区的周期性危机。消极竞争给许多国家带来的后果,或许不久便会加剧。②

　　另一方面,中国的急剧发展也使其更依赖于外国原材料和能源资源。2003 年,中国用去了"世界煤矿产量 30%,世界钢铁产量 36%,水泥产量 55%"③。中国从 1990 年的相对自足状态,变成 2003 年仅次于美国的世界第二大石油进口国。中国能源企业寻求里海盆地石油的股份,并与沙特阿拉伯谈判协商以获取中东石油供应;中国对于苏丹和伊朗的能源兴趣使之在这些领域与美国关系紧张。中国战胜日本,获得了俄罗斯的石油供应。在中国 20 世纪 90 年代寻求新金属能源的过程中,它从澳大利亚的进口翻了四倍。由于中国急需战略性金属,如铜、锡、铁矿、铂、铝等,它急切地与智利、巴西、印度尼西亚、马来西亚等许多国家签订贸易协定。中国向各地寻求农产品和木材进口(中国从巴西和阿根廷大规模采购大豆,给这些经济部门带来了新鲜活力),而中国对废金属的需求也很大,在这方面给出的价格全球最高。甚至美国制造业也从中国对推土设备[卡特比勒公司(Caterpillar)]和涡轮机[通用公司(GE)]的需

---

① Belson, J., "Japanese Capital and Jobs Flowing to China", *New York Times*, 17 Feb.2004, C1 and C4.

② See Forero, J., "As China Gallops, Mexico Sees Factory Jobs Slip Away", *New York Times*, 3 Sept.2003, A3.

③ Bradsher, K., "China Reports Economic Growth of 9.1% in 2003", *New York Times*, 20 Feb.2004, W1 and W7.

求中获利。亚洲国家对中国的出口也以惊人的速度增加,中国如今是韩国出口的首要目的国家,而在日本出口市场,中国也可以和美国比肩。贸易关系的迅速重新调整,最好地体现在台湾的事例上。2001 年中国大陆取代美国成为台湾地区出口的第一目的对象(主要是中层制造业产品),但到 2004 年底,台湾地区向中国大陆的出口量已经比向美国的出口量多一倍。①

中国凭借其巨大的全球影响力,有力地统治着整个东亚和东南亚。2004 年,阿根廷担心廉价的中国进口产品会摧毁刚开始复苏的本地纺织品、鞋、皮革等产业,中国对此给出的建议是:就让这些产业消失吧,专心做好自己给蓬勃的中国市场供应原材料和农产品的工作就行了。尽管如此,中国正在进行的大规模基础设施投资仍使全球经济中相当一部分驶上了中国的轨道。相反,中国在 2004 年发展脚步有所减缓,已经使得各地的商品和金融市场心神不宁。镍价格从持续 15 年的高价位上大幅下跌,铜价格也从持续 8 年的高价位急剧下降。澳大利亚、加拿大、新西兰等商品驱动型经济的国家也遭了殃。亚洲其他出口驱动型经济的市场也受到影响,担心中国大陆会减少向台湾地区采购半导体、减少向韩国采购钢材、减少向泰国采购橡胶、减少向越南采购大米,还有减少向马来西亚采购锡。②

正如成功的资本积累动力都会发生的情况,会有一个时刻国内积累过剩,需要向外部输出。一种方式是购买美国债券,借此为中国产品维持活跃的市场,同时方便将人民币与美元价值挂钩。但

---

① Bradsher, K., "Taiwan Watches Its Economy Slip to China", *New York Times*, 13 Dec.2004, C7.

② Arnold, W., "BHP Billiton Remains Upbeat Over Bet on China's Growth", *New York Times*, 8 Jun. 2004, W1 and W7.

是,中国贸易企业在世界上一直很活跃,它们也在 20 世纪 90 年代中期以后极大地开阔了自己的视野。同样,中国企业也投资海外,确保自己在外国市场中的地位。中国电视机如今在匈牙利进行装配,确保销往欧洲市场的渠道;同时也在北卡罗来纳进行装配,确保销往美国的渠道。一家中国汽车公司计划在马来西亚组装汽车,并最终在那里建一个工厂。中国企业如今甚至在太平洋区域投资旅游业,以满足本国居民日益高涨的需求。①

但是,中国在一个方面显然偏离了新自由主义的轨道。中国有大量剩余劳动力,如果要实现社会稳定和政治稳定,就必须要么吸收,要么压制这些剩余劳动力。如果采取前一种方案,那么中国只能靠债券融资大规模开展基础设施计划和固定资本形成计划(2003年固定资本投资增加了 25％)。潜在的危险是,有可能发生固定资本过度积累的严重危机(尤其是在建筑环境方面)。有大量迹象表明存在生产能力的过剩(比如在汽车制造和电子技术方面),而在城市投资中已经发生了爆发与亏损的循环。但是,这一切都要求中国政府偏离新自由主义教条,而像凯恩斯主义国家那样行事。这要求中国保持对资本和汇率的控制,这些都与国际货币基金组织、世界贸易组织、美国财政部的全球规则不符。虽然中国被豁免履行这些规则以作为加入世界贸易组织的临时条件,但中国不能永远如此。随着人民币通过香港和台湾渗透到全球经济之中,要想强制对资本流动的控制变得越来越艰难。值得记取的是,让整个凯恩斯主义的战后布雷顿森林体系崩溃的条件之一,正是由于美元逃离了美国的货币监管,致使欧洲美元市场形成。②中国人很像是在复制这条道

①②   Landler, M., "Hungary Eager and Uneasy Over New Status", *New York Times*, 5 Mar.2004, W1 and W7; Bradsher, K., "Chinese Automaker Plans Assembly Line in Malaysia", *New York Times*, 19 Oct.2004, W1 and W7.

路,而他们的凯恩斯主义也相应受到了威胁。

中国银行系统处于目前债券融资的核心,它当前无法抵抗融入全球金融体系,因为其半数未偿贷款都是不良贷款。幸运的是,我们看到中国可以运用收支顺差为银行清除麻烦。但正是在这一点上可能出现另一个问题,因为中国能如此行事的唯一途径是通过美国积累收支顺差。一种独特的相互依赖关系由此产生:中国以及日本和其他亚洲"中央银行"购买美国债券,从而美国可以方便地吸收这些国家的生产过剩。但这使得美国很容易受到亚洲中央银行家们奇思异想的影响。相反,中国经济动力却受美国财政和货币政策掣肘。美国目前也以凯恩斯主义的方式行事——巨额增加联邦赤字和消费债券,同时坚持其他任何人都必须遵守新自由主义规则。这不是一个可持续的立场,如今美国有许多强有力的声音指出,这样做可能带来一场严重的金融危机。①对中国来说,这可能导致从劳动力吸收的政治转向公开压制的政治。这样的策略能否奏效,关键取决于阶级力量的平衡以及中国如何处理自己与这些力量的关系。②

三、 迈向阶级力量的重建?

2004年6月9日,某位王先生在北京的戴姆勒—克莱斯勒汽车

---

① Volcker's remarks are cited in P.Bond, "US and Global Economic Volatility: Theoretical, Empirical and Political Considerations", paper presented to the Empire Seminar, York University, Nov.2004.

② Wang, H., *China's New Order: Society, Politics and Economy in Transition, Cambridge*, Mass.: Havard University Press; T.Fishman, *China Inc.:How the Rise of the Next Superpower Challenges America and the World*, New York: Scribner, 2005.

公司购买了一辆 90 万美元的迈巴赫超豪华私家车。显然，此类奢侈轿车的市场相当活跃，表明"一小撮中国家庭积累了大量财富"①。至于不那么高级的私家车，中国已经是世界上梅赛德斯—奔驰汽车的最大市场。某些地方的某些人，不知怎么就变得非常有钱。

尽管中国经济或许属于世界上发展最快的行列，但中国也成为世界上最不平等的社会之一（图 1）。经济发展的好处"主要让城市居民和政府享受到了。在过去五年里，城市富人和农村穷人的收入差距急剧拉大，甚至于某些研究开始不恰当地把中国的社会分化与非洲最穷的国家作比较"②。社会不平等从未在革命年代里消除，城市和农村的差异甚至被写进法律。但汪晖写道，随着改革的进行，"这一制度性不平等迅速转化为阶级和阶层及地区间的收入差距，从而促成了社会的两极分化"③。如基尼系数等形式化的社会不平等测量方式，证实中国已经从世界上最贫穷但也最平等的社会之一，变成了持续不平等的社会，这一切都发生在 20 年里。（通过户籍制度固定下来的）城乡收入差距正迅速扩大，更需要强调的是农村和城市内部越来越大的不平等。区域不平等同样加剧了，部分南方沿海城市高速领跑，而内陆和北方"老工业区"要么经济无法发展，要么在作艰难的挣扎。④

① Bradsher, K., "Now, a Great Leap Forward in Luxury", *New York Times*, 10 June 2004, C1 and C6.
② Wu, X. and Perloff, J., "China's Income Distribution Over Time: Reasons for Rising Inequality", *CUDARE Working Papers* 977, Berkeley: University of California at Berkeley, 2004.
③ Wang, H., *China's New Order: Society, Politics and Economy in Transition*, Cambridge, Mass.: Havard University Press.
④ Wei, L., *Regional Development in China*, New York: Routledge/Curzon, 2000.

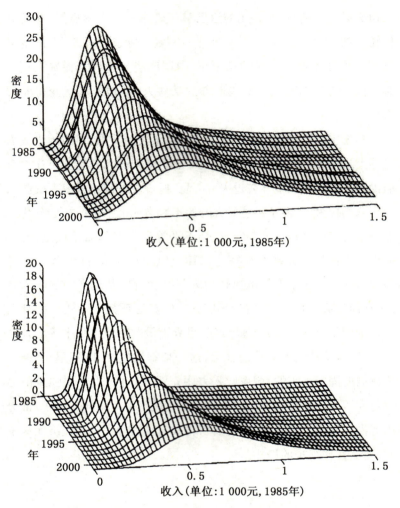

资料来源: Wu, X. and Perloff, J., "China's Income Distribution Over time: Reason for Rising Inequality", CUDARE Working Papers 977, Berkeley: University of California at Berkeley, 2004。

图1 中国收入日益不平等: 农村 (上图) 与城市 (下图), 1985—2000 年

仅仅是社会不平等加剧还无法作为阶级力量重建的确切指标。这最后一方面的证据很大程度上是道听途说,没有确凿证据。然而,我们可以进行一番推测,首先看一下社会最底层人民的情况。
"1978 年,中国有 1.2 亿工人。到 2000 年,这个数字是 2.7 亿。加上
进城找到长期工作的 7 000 万农民,中国工人阶级目前接近 3.5 亿
人。"在这些人中,"超过 1 亿人"目前受雇于非国家部门,正式说来
算雇佣劳动者。①事实上,受雇于国有企业和乡镇企业的相当一部
分劳动者,同样处于雇佣劳动者的地位。因此,中国就有一股大规
模的无产阶级化浪潮,出现于民营化过程的各个阶段以及实行劳动
力市场弹性化的各个阶段(包括取消国有企业的福利供给和养老金
义务)。政府也"拆除"了公共服务。根据中国劳工观察组,"农村政
府几乎得不到富裕地区的资助。这些政府向当地农民征税,征用无
休无止的费用来修建学校、医院、道路建设,甚至治安设施"。就算
国家经济增长达 9%,这些落后地区的贫困依然在加剧。1998 年到
2002 年,随着国有企业规模从 26.2 万家减少到 15.9 万家,2 700 万
工人被打发走人。更惊人的是,过去近十年内中国制造业工作岗位
净损失约 1 500 万个。②由于新自由主义需要庞大、势力相对薄弱的
劳动力,中国应该有资格算作新自由主义经济,虽然是"有中国特色
的"新自由主义经济。

　　社会天平另一端的财富积累是更复杂的情况。似乎这一过程
某种程度上是通过贪污腐败、秘密计谋、公开攫取曾经公有的权力
和资产而进行的。随着当地政府将企业股份移交管理,作为自身的
重建策略,许多企业经理"通过各种方式,一夜间拥有价值数千万元
人民币的股份,形成了一个新的富豪集团"。当国有企业重新结合

---

①　Shi, L., "Current Conditions of China's Working Class", China Study Group, 3
　　Nov.2003, http://www.chinastudygroup.org/index.php?action = article&type.

②　China Labor Watch, "Mainland China Jobless Situation Grim, Minister Says",
　　http://www.Chinalaborwatch.org/en/web/artical.php? article _ id = 50043, 18
　　Nov.2004.

到股份制企业时,"企业经理获得大部分股份,有时候其年收入是企业职工平均收入的 100 倍"①。青岛啤酒在 1993 年成为股份制企业,其主管不但在这家利润丰厚的企业中拥有大量股份(青岛啤酒凭借接管许多本地啤酒企业,提升了自己的全国知名度和市场垄断力量),而且收入也相当可观。党员、政府职员、民营企业主、银行之间的特权关系也发挥了重要作用。新兴民营化的企业经理拥有一定数量的股份,他们或许会通过银行(或朋友)贷款收购工人手里的其余股份(有时是强迫收购,例如通过威胁停工)。由于大量银行贷款都是不良贷款,这批新企业主或者把企业拖垮(从中倒卖资产牟取个人利益),或者千方百计抵赖债务而不宣布破产(破产法在中国还不健全)。政府拿出 450 亿美元的外汇储备补助被严重剥削的劳动力,并给予银行经济援助,使之填补非盈利性贷款的缺口;当政府这样做时,它很可能正从下层阶级那里将财富重新分配给上层阶级,而不是勾销错误投资。无所顾忌的经理可以轻而易举地控制新兴民营企业及其资产,并利用它们来牟取个人财富。

在财富创造过程中,本地资本也扮演着日益重要的角色。凭借 20 多年的合资合营,许多中国企业从技术转让中获利,并且这些企业有幸拥有大量熟练劳动力和管理技术,也具备企业雄心的旺盛精力(animal spirits);它们如今不但能在国内与外国企业竞争,在国际舞台上也能与之抗衡,并且不再仅限于低增值部门。例如,目前排名世界第八的电脑制造商是 1984 年由一批中国科学家靠政府资助成立的;到 20 世纪 90 年代末,它已经从批发商转变为制造商,占

---

① Shi, L., "Current Conditions of China's Working Class", China Study Group, 3 Nov. 2003, http://www.chinastudygroup.org/index.php?action = article&type.

据中国市场的最大份额。这家企业便是联想，目前正与几家主要公司激烈竞争；它还接管了 IBM 的个人电脑生产线，以便获得更好的进入全球市场的渠道。这笔交易（不经意间威胁到台湾地区在电脑行业的地位）使 IBM 能够与中国大陆的软件市场建立更牢固的联系，同时也在电脑行业树立起一个业务遍布全球的巨型中国企业。①虽然国家可能在联想等公司持有股份，但这些公司的管理自主性仍然可以保障其所有制和奖励系统能让公司执行官积累大量财富，就像世界其他地方那样。

房地产开发——特别是在大型城市之内和城市周边，以及出口发展地区——似乎是另一种有力手段，借以将大量财富积聚到少数人手里。由于农民并不拥有土地，他们可能很容易就一无所有，土地转而为城市牟利所用，导致劳作者在农村无计谋生，被迫离开土地加入劳动力市场。提供给农民的补助通常仅相当于土地价值的一小部分，而土地则被政府官员转手给开发商。过去十年里，多达7 000 万农民以这种方式失去了土地。例如，市镇领导经常通过与外国投资者或开发商协商决定市镇土地和资产的实际产权，这些权利随后被批准归后者私人所有，实际上是把公共利益圈给少数人。汪晖写道，在转型期的混乱中，"大量的国有财产'合法'或非法地流入小部分私人手里"②。土地和房产市场的投机现象——尤其是在城市——相当活跃，哪怕还没有明晰的产权体系。耕地损失日益严

---

① Barboza, D., "An Unknown Giant Flexes Its Muscles", *New York Times*, 4 Dec. 2004, C1 and C3; Lohr, S., "IBM's Sale of PC Unit Is a Bridge Between Companies and Cultures", *New York Times*, 8 Dec.2004, A1 and C4; Lohr, S., "IBM Sought a China Partnership, Not Just a Sale", *New York Times*, 13 Dec.2004, C1 and C6.

② Wang, H., *China's New Order: Society, Politics and Economy in Transition*, Cambridge, Mass.: Havard University Press; J.Yardley, "Farmers Being Moved Aside by China's Real Estate Boom", *New York Times*, 8 Dec. 2004, A1 and A16.

重,1998 年中央政府不得不下令停止土地转化,直到能够实施更合理的土地使用计划。但一系列破坏已经发生了。有价值的土地被囤积起来,开发商(利用与银行的特权关系)已着手展开工作,将大量财富聚集到少数人手里。甚至就小规模而言,房产投机所获的资金要比生产所获多得多。①有人正是用自己在房地产上赚的钱购买 90 万美元的汽车,这个事实意味深长。

资产价值方面的投机行为(通常利用带有优惠条款的贷款)也非常重要。这种现象在大城市及其周边——例如北京、上海、深圳、广东等地——的房产领域尤其明显。盈利(经济蓬勃发展时期往往盈利甚丰)一般归投机者,而经济不景气时的损失则基本由银行承担。在所有这些领域(包括无法计算的暗中贪污腐败区域),通常由部分政府官员进行的资产挪用已经把他们从国家力量的代理人变成独立且极为富有的商人,能够很好地保护自己的新财富,必要时还将财富偷运至国外。

高涨的消费文化已经在主要城市中心出现,日益加剧的不平等又带上了特殊的性质,比如许多城市都有封闭且受到保护的富人高档住宅社区(往往带有像"贝弗利山庄"之类的名字)、富丽堂皇的特权阶级消费场所,如饭店和夜总会、购物中心、主题公园。后现代文化在上海登陆并大红大紫。所有西化的标志在那里都能找到,包括社会关系的转型。随着每个人都在优胜劣汰的竞争中投机,如今所谓的"吃青春饭"成为主流。这在性别方面造成的影响相当显著。"在沿海城市,女性遇到了前所未有的极好机遇,她们可以赚数目惊

① Cartier, C., "Zone Fever. The Arable Land Debate and Real Estate Speculation: China's Evolving Land Use Regime and Its Geographical Contradictions", *Journal of Contemporary China*, Vol.10(2001), pp.455—469; Zhang, Z., *Strangers in the City: Reconfigurations of Space, Power, and Social Networks within China's Floating Population*, Stanford: Stanford University Press, 2001.

人的钱,也可以获得很好的职业岗位。"①

积聚财富的另一项来源是过度剥削劳动力,特别是农村地区来的年轻女性。中国工资水平极其低下,劳动条件也不佳。更为糟糕的是拖欠工资、不履行养老金义务。李静君指出:

> 1996 年到 2001 年,在东北老工业区腹地沈阳有 23.1% 的受雇工人经历过工资拖欠,26.4% 退休职工经历过养老金拖欠。全国范围内,未拿到工资的工人数量从 1993 年的 260 万上升到 2000 年的 1 400 万。这个问题并不仅限于破败的老工业基地的退休和下岗职工。政府调查显示,国家近 1 亿迁移工人中的 72.5% 遭受工资拖欠,拖欠工资总额估计约 120 亿美元。②

私有企业和外资企业的资本积累有相当部分来自拖欠劳动者的工资。结果造成许多地区爆发激烈的劳工抗议。虽然中国工人准备好接受长时间工作、骇人听闻的工作条件和低工资,以作为现代化和经济发展的代价,但拖欠工资和养老金是另一回事。在这个问题上,向中央政府请愿和抱怨在近几年里已经冒头,如果政府无法充分回应,民众就会采取直接行动。③2002 年,在东北城市辽阳,

① Cartier, C., "Symbolic City/Regions and Gendered Identity Formation in South China", *Provincial China*, Vol.8, No.1(2003), pp.60—77; Zhang, Z., "Mediating Time: The 'Rice Bowl of Youth' in Fin-de-Siècle Urban China", *Public Culture*, Vol.12, No.1(2000), pp.93—113.

② Lee, S.K., "Made In China: Labor as a Political Force?", panel statement, 2004 Mansfield conference, University of Montana, Missoula, 18—20 Apr.2004.

③ Ibid.; Yardley, J., "Chinese Appeal to Beijing to Resolve Local Complaints", *New York Times*, 8 Mar.2004, A3.

来自近 20 家工厂的 3 万多名工人进行了持续几天的抗议,这是"一个很大规模的示威"。在中国北部的佳木斯,一家之前雇用了1.4 万人的纺织厂突然关闭后,约 80% 市镇人口待业,靠每周不到 20 美元过活。请愿者无音信,几个月后民众爆发了直接行动。"有些天,退休工人成排地坐在路上,阻塞了通往城镇的主要高速公路。另一些时候,成千名下岗纺织工人坐在铁轨上,扰乱了铁路运营。12 月底,来自一家境况不佳的纸浆厂的工人直挺挺地躺在佳木斯唯一的飞机跑道上,阻止飞机着陆。"①公安部门数据显示,2003 年"有将近 300 万人参与了抗议活动"。最近的数据表明更广泛的冲突正在爆发。例如,在安徽省有"约 1 万名纺织工人和退休工人最近抗议养老金的降低、医疗保险和伤残补助的丧失"。在东莞的斯特拉(Stella)国际有限公司(一家皮鞋制造商,雇用 4.2 万名员工)"面临这个春天愈演愈烈的罢工问题。有一刻,超过 500 名狂怒的工人砸坏工厂设备,重伤一名公司经理,导致警察进入工厂并带走主要滋事者"②。

各种形式的抗议("其中有许多带有暴力性质"),"在最近几个月内频繁发生,举国皆然"。农村地区的土地没收所引发的骚乱和抗议也遍地都是,这些是否终将带来大规模运动,尚难预料。李静君对于政治主体性的性质做出的结论,在此值得注意。她指出,国家和农民工都拒绝"工人阶级"一词,也否认"阶级是建构他们集体经验的话语框架"。他们也不把自己视作"资本主义现代性理论一

① Rosenthal,E.,"Workers Plight Brings New Militancy in China", *New York Times*, 10 Mar.2003,A8.
② Cody,E.,"Workers in China Shed Passivity:Spate of Walkouts Shakes Factories",*Washington Post*,27 Nov.2004,A01;Cheng,A.,"Labor Unrest Is Growing in China",International Herald Tribune Online,Oct. 27,2004;Yardley,J.,"Farmers Being Moved Aside by China's Real Estate Boom",*New York Times*,8 Dec.2004,A1 and A16.

般所假定的契约主体、法律主体或抽象劳动主体",具有个体法律权利。相反,他们一般会诉诸毛泽东传统的观念,即人民是由"工人、农民、知识分子和城市小资产阶级组成,他们的利益相互一致并与国家利益一致"。在这样的论述中,工人"可以做出要求国家保护的道德主张,要求国家加强对人民的领导并对他们负责"①。所以,任何大众运动的目标都是要求中央政府实践自身的革命纲领,反对外国资本家、私人利益和地方权威。

中国政府目前能否或愿意实践此类道德主张,并借此维持其正当性,还是个未知数。虽然中国共产党的某些政策意在挫败资产阶级形成,但同样认可中国劳动力的大规模无产阶级化、打破"铁饭碗"、抽空社会保障、建立弹性劳动市场体制,并且认可将先前的公有资产民营化。共产党创造了一个资本主义企业可以在其中自由形成和运作的社会系统,在这一过程中,它实现了经济快速增长并缓解了很多人的贫困问题,但同时也使得大量财富积聚到社会上层精英手里。此外,党内的商界人士也在不断扩大(从 1993 年的13.1%上升到 2000 年为止的 19.8%)。这一现象告诉我们,政党和经济精英正在不断合并,而这种现象在美国已经太普遍了。另一方面,工人和党组织的关系却变得紧张。政党结构的内部转型是否会巩固技术精英的优势(同样的技术精英曾使墨西哥革命制度党朝向全面新自由主义化迈进),我们拭目以待。但也不能忽视的是,"人民大众"会试图重建自身阶级力量的独特形式。我们可以下结论说,中国已确定无疑地迈向新自由主义化和阶级力量的重建,虽然

---

① Lee, S.K., "Made In China: Labor as Political Force?", Panel Statement, 2004 Mansfield conference, University of Montana, Missoula, 18—20 Apr.2004.

"带有独特的中国特色"。然而,权威主义、民族主义诉求,这些都表明中国正以其特殊的方式与新保守主义潮流汇合,后者在美国正兴风作浪。这可不是好兆头。

（王　钦　译）

下　篇

新自由主义思潮的发展
趋势与批判反思

中国自由主义二十年的颓势

姚中秋 *

在 20 世纪 90 年代以来中国大陆活跃的诸家思想流派中，自由主义当属支持者最多、传播范围最广、影响也最大的一支。但就在这大约 20 年间，中国自由主义经历了某些相当重大的变化，并且，至少在思想层面，目前似已呈现出明显的颓势。

这一变化究竟是如何发生的？本文就此提出一个私人观察性质的解释。"私人观察"的意思是，这不是一篇学术论文，不准备引述文献。本文将主要根据个人过去十几年来的亲身经历与直接观察，对自由主义在中国演变的趋势进行一些粗疏的评述。

还需要说明三点：其一，我不准备对"自由主义"下一个严格的定义，划定明确的范围。这是一件高度复杂的理论工作，本文无力也不准备承担。我只是把当事人自以为、旁观者也以为的自由主义者，当成自由主义者对待。其二，为论述需要，本文提及了多位师友。我尽可能保持客观、审慎，但仍难免有冒犯之处，敬请谅解。其

* 姚中秋，又名秋风，著名学者，当代大陆新儒学的代表人物之一。山东大学儒学高等研究院教授，弘道书院院长。著有《华夏治理秩序史》《重新发现儒家》《国史纲目》《儒家宪政主义传统》《嵌入文明：中国自由主义之省思》《为儒家鼓与呼》等书，并译有《哈耶克传》《奥地利学派译丛》等作品。本文原载《二十一世纪》2011 年 8 月号，此处略有改动。

三,我本人已从作为一种现代意识形态的自由主义立场,后退到仅关注于宪制变革的较为古典的宪政主义立场,因而在论述过程中,于不经意间,对自由主义也许会有某种偏见。这一点,亦请读者鉴别、谅解。

一、 中国当代自由主义的谱系

本文关注的历史时期始于 20 世纪 90 年代初期。尽管至今只有短短 20 年,但中国的政经格局已然发生了巨大变化。这一时期大体可以 2003 年或者江泽民、胡锦涛权力更迭作为分界点,划分为前、后两个时期。在这两个时期,中国自由主义呈现出两种不同的形态。

20 世纪 80 年代是否存在自觉的中国自由主义思想与观念,无法遽下结论。大体上,受到意识形态惯性的影响和知识资源匮乏的约束,彼时知识界缺乏自由主义的理论自觉,思想讨论所使用的话语,似乎更多是文化的和哲学的。因此,80 年代的思想主题是反思与启蒙,萨特(Jean-Paul Sartre)、弗洛伊德(Sigmund Freud)、韦伯(Max Weber)就是最为重要的思想资源。思想界最为醒目的主张是激进反传统主义,电视纪录片《河殇》的出现是这场思想运动的巅峰。

1989 年政治风波让这一波带有自由主义色彩的启蒙运动戛然而止。此后是一段思想的寒冬期。由于经济政策与意识形态高度相关,因而,此后两年,经济政策也受到波及,全面收紧。全面收紧的结果是经济陷入困境。为摆脱困境,邓小平发表南方谈话。邓从 20 世纪 80 年代的经验中清楚地知道,要摆脱经济困境,就得开放:既要对外开放,引进境外投资、技术、管理;也要对内开放,允许私人企业成长。为此,邓必须部分地打破本来已经松动,但在 1989 年后再度强化的意识形态牢笼。邓提出了"不争论"的原则,其含义就是不争论新政策"姓社姓资",实际上就是默许那些"资"的成长。

邓小平的这一策略性政治行动,不经意间,为自由主义改变自己在中国的命运创造了条件。因为,对私人企业开放就意味着承认私人产权、经营自由、企业间竞争,总之,这意味着承认市场制度。南方谈话之后,"市场化"迅速地成为媒体与学术界的主流话语,当局也开始大规模地向市场制度转型。

借由这样的机会,经济学异军突起;而且,进入学术与观念场域的经济学,主要是当时在西方也正走红的利伯维尔场经济学派,比如以弗里德曼(Milton Friedman)为代表的货币主义,科斯(Ronald H.Coase)、诺斯(Douglass C.North)、张五常所代表的新制度经济学,以及思想更为开阔的哈耶克(Friedrich A. von Hayek)。尤其是后者和他的导师米塞斯(Ludwig von Mises)对计划经济"不可能性"的论断,清除了市场化的知识障碍。

这构成了当代自由主义的一个重要分支:市场自由主义或者经济自由主义。借助于市场化的"政治正确性",这种自由主义观念在公共媒体上迅速扩张地盘。经济学家基于利伯维尔场理念,对于当时最为重要的公共议题发表看法,这些看起来非常新鲜的意见,总是能够引起广泛关注。受到这种观念影响,直到今天,仍然有很多人惯于从财产权的角度理解权利,从经济自由和自由竞争的角度理解自由。

20 世纪 90 年代另外一股自由主义潮流则穿着怀旧的外衣登场,此即对民国知识人的怀旧。在那个时代,重新发现历史,尤其是现代历史,成为人们摆脱意识形态控制的常见策略。这些被重新发现的知识人包括钱钟书、林语堂、周作人等,他们让人们重新界定了现代中国文学史。接下来，出版界、思想界重新发现了陈寅恪。陈寅恪在学术专制的环境中坚守学术尊严的精神，感动了无数读者，其名言"独立之精神，自由之思想"，成为具有自由精神的知识人用于自我激励和互相激励的座右铭。

经过这样的热场，大约于 20 世纪 90 年代中期，中华民国自由主义传统正面进入了人们的视野，其主角首先是活跃于 20 世纪 20 年代至 30 年代的胡适，接下来是他的朋友们。

上海学者章清在一本专著中将他们合称为"胡适派学人群"。由他们往下，人们又发现了 40 年代活跃在西南联大的具有自由色彩的教授们、创办《观察》杂志的储安平以及《观察》杂志的若干作者。这两类知识分子都被冠以"自由主义者"之名。北京大学的自由主义传统，也被隆重地发掘出来。

怀旧的力量是巨大的。自由主义进入历史考察的视野，反过来也改变了人们对历史的认知，催生了一种"自由主义历史观"。不少中青年学者从自由主义的视角看待现代中国历史演变的过程，现代中国的文学史、思想史、社会史乃至政治史，都程度不等地被系统重写了。这样的历史叙事迅速被人们接受，而似乎成为一种常识。相反，官方的革命史观黯然褪色，在公共舆论空间中销声匿迹了。

这一传统似乎给 20 世纪 80 年代的启蒙主义以更多的历史和学理论证，借由这一自由主义传统在公共舆论空间的广泛传播，"反传统"常识也日益扩展。启蒙的自由主义也就构成当代中国自由主义的一个重要分支，这方面的代表人物是袁伟时、雷颐等人。

同样是借助这样的怀旧，也借助于经济自由主义的东风，20 世纪 90 年代中期，自由主义的另外一个分支——政治自由主义，也得以登堂入室。这个分支的代表人物有刘军宁、朱学勤、秦晖、徐友渔等。虽然我称他们为"政治自由主义者"，但他们的议题与经济自由主义密切相关。他们特别强调财产权的重要性,个人自由的首要保障是财产权。由此也不难理解,为什么这种自由主义以与"新左派"辩论的方式进入了公共场域。对于当时的市场化过程,90 年代之后出国留学、接受西方学院派学术训练的"新左派"持质疑和反对态度。对此,经济自由主义者通常不予理睬,他们专注于经济政策设计,根本不关注学院中的思想论争。政治自由主义者则出面与之论战。

因而,政治自由主义虽然借着启蒙自由主义塑造的公众情感而获得登场的机会,但从一诞生起,它就与经济自由主义互为表里。可能正是这一点让政治自由主义在 20 世纪 90 年代中期后七八年间,不仅被官方容忍,甚至享有相当强势的地位。

上述三种自由主义不只是呈现为学理,也是具有广泛影响力的公共观念。另外一种自由主义——西方当代自由主义——则基本上局限于学院学术圈内。20 世纪 90 年代中期,西方当代自由主义思想也借助中西学术交流渠道,进入中国学界。不少学者、学生到美国接受学术训练,他们对当代西方的学术、思想活动较为了解,并接受了罗尔斯(John Rawls)、德沃金(Ronald Dworkin)、哈贝马斯(Jürgen Habermas)等人的思想。由此,他们所讨论的诸多议题基本上是美国人和欧洲人所设定的议题,比如少数族群权利、同性恋婚姻权利等。在这一点上,他们与学院新左派相接近。这样的讨论与中国人所关心的公共问题基本不相干,也因此,他们似乎主要局限于学院中,在大众中缺乏影响,很难说具有多大观念的力量。

这样,2000 年前后,中国的自由主义具有了丰富的面相,即同时存在着三种具有较大影响力的自由主义派别:启蒙的自由主义、政治自由主义、经济自由主义。这其中,第一种继承自新文化运动,后两种则超出了胡适自由主义传统的范畴。也正是这一点,让这一轮自由主义与新文化运动,也与 20 世纪 40 年代《观察》的自由主义之间,形成重大区别。

具体地说,这轮自由主义带有古典自由主义的明显特征。很多自由主义者也正是基于这一观念,在经济思想领域反对凯恩斯主义(Keynesianism),在政治思想领域反对新左派,在中国特定的语境中,则反对极权主义。

更为重要的是,在现代中国思想史与观念史的脉络中,有些学者基于中国的"文革"经验,深入反思法国—俄国的激进革命传统,清理其在中国思想和政治领域的遗产。这方面最为引人注目的人物是王元化和朱学勤。他们明确地提出,中国应当告别法国传统,转向英美传统。也正是在古典自由主义的背景下,刘军宁的思想带有强烈的美国式保守主义特征,具体地说,带有自由至上主义(libertarianism)的倾向。

上述两种倾向都对启蒙的自由主义构成了质疑。也就是说,从 20 世纪 90 年代中期开始,自由主义内部就已经出现了分歧与张力。只是,在自由高度匮乏的时候,每个分支似乎都有充分的拓展空间,因而,这种分歧并没有公开化。自由主义还呈现为一个相当连贯的整体。

二、 自由主义与体制

在过去 20 年中,自由主义对于中国的体制,总体上是持一种批评态度的。这也就为自由主义与体制之间的关系确定了基调。但是,两者的关系倒也并非一成不变,在江泽民主政时期,自由主义与体制的关系还是比较暧昧的。

形成这种关系的根本原因在于,当局自身就表现出明显的自由化倾向。邓小平南方谈话之后,市场化成为官方的执政纲领。由此,当局逐渐接受了市场经济的基本原理,策动了一系列改革,尽管毛泽东时代的基本制度和政策框架并无根本变化。这样,经济自由主义也就大模大样地进入官方的意识形态话语体系。

与此同时,各级官员,尤其是中间层级的官员,在 20 世纪 80 年代接受过高等教育,为了适应经济增长导向的政绩考核体系,随后也接受了一定的经济学训练。由此,他们接受了经济自由主义的价值和思考范式。因此,体制内存在着一股强烈的经济自由主义倾向,在某种程度上已经发展成为"增长主义"意识形态——对此意识形态的形成,自由主义经济学作出了一定贡献。

市场化必然伴随着法治化,几乎所有经济自由主义者都主张,市场经济是法治经济,吴敬琏对此谈论最多。这一点,与共产党内部分老干部对"文革"深恶痛绝的情感相结合,推动了法治观念在中国的制度化。从 20 世纪 90 年代中期开始,"法治"——不再是"法制"——也进入官方主流话语体系。1999 年,当局提出"依法治国"理念;2004 年,当局更进一步,提出建设"法治政府"的政治目标。当年也完成《中华人民共和国宪法》修订,国家保障公民权利的原则正式写入《宪法》。

由此,"自由""公民权利"等概念,成为官员们的公共语言。或许可以说,在江泽民时期,体制呈现出明显的自由化演进趋势,诸多重要法律修订与政策制定的基本倾向是自由主义的。从某种程度上说,体制向自由主义屈服。由此,市场与法治的诸多制度因素融入原来的计划经济体制。到江、胡权力交接的时候,呈现出显著的"混合体制"特征。

这样的混合体制与欧洲的混合制度当然大不相同。事实上正好相反:体制的基本框架依旧,但它已经退隐到较深层次。台面上的诸多具体制度和政策则在一定程度上合乎市场和法治原则（起码是根据这样的原则制定的）。正是这些新的制度，让中国人的创造性精神得以释放，形成人们后来惊叹不已的"中国奇迹"。

在这样的大背景下，统治体制与外部的自由主义的关系，虽然算不上亲密，但也不算敌对关系。政府可能未必十分情愿，但在经济改革之大"势"推动下，不得不学习、接受经济自由主义的基本话语。有些经济自由主义者还可以深度介入体制内的某些重大决策过程。

也正是在这样的大背景下，在体制内外边缘地带，形成了以李慎之、谢韬等人为代表的一个相当特殊的自由主义流派。其骨干多为中共资深党员，曾在中高级岗位任职，在 20 世纪 80 年代相当活跃，退休后转而关注思想问题。他们的基本主张是民主，希望回到欧洲社会主义。这一点与自由主义有所不同，但他们明确地支持市场化和法治化改革，并且通过对中共历史的发掘，致力于摧毁集权主义的偶像。因而，他们属于广义的自由主义者范畴。

在体制内外关系暧昧的环境下，自由主义观念大举进入公共传播界，从而对社会变革发挥了重要作用。自由主义于 20 世纪 90 年代兴起之后，影响力迅速地及于公众，除了一般图书出版之外，最为重要的通道当属大众媒体。欧洲意义上的自由主义，也即具有强烈经济学知识背景的古典自由主义观念，在很大程度上支配着中国新兴媒体，这一点是 90 年代后期以来传媒界最值得注意的现象，也是讨论作为一种观念的"自由主义"时，不能不注意的重要现象。

应予注意的是两类新兴媒体，第一类是"新锐传统媒体"，其代表是"南方报系"以及模仿它的若干地方都市报；《财经》杂志等财经和新闻时政类周刊也属于这一范畴。原来的报刊是意识形态化的，新锐传统媒体至少取得了两项突破：首先，其报道秉持"新闻专业主义",尤其是调查性报道总是触及公众最关注的问题,能够激发读者的阅读兴趣而被广泛传播;其次,新锐传统媒体发展了有别于杂文和官方评论的"时评"文体,在问题丛生、各个领域都在变革的年代,这类由接受过社会科学训练的人所执笔的时评,对于所有这些问题,都进行了严肃而不乏激情的讨论。

第二类新兴媒体是网络媒体。在中国,最为活跃的网络是门户网站,而门户网站最重要的内容是时事新闻和评论。这是有别于中国传统新闻管理体制的特殊网络现象。到今天,很多人已经习惯于依靠网络获得新闻、发表意见。

这两类媒体相互支持。网络媒体主要依托新锐传统媒体提供的内容;新锐传统媒体也借助网络平台,它们虽是地方性的媒体,却具有广泛的全国性影响。到21世纪初,这两类媒体已经共同成长为塑造中国舆论的主流媒体。官办媒体则在这两者冲击下,陷入衰败境地,有的甚至连生存都无法维持。

至关重要的是,从业于这两类媒体的编辑、记者,大多数信奉自由主义理念,只不过程度有所不同,自觉意识有高有低。由此可以看出,在一段时间内,自由主义在学院中具有广泛的影响力,尤其是那些关心公共事务的学生,几乎都会接受自由主义。而具有这种偏好的大学生,毕业之后大多进入媒体工作,包括残存的官方媒体。一个非常有趣的事实是,即便是《人民日报》、新华社的编辑和记者,大多数也相信市场、法治、民主原则。

因此,从20世纪90年代中期以来,大众媒体在公众舆论领域中塑造了强势的自由主义气氛。尽管官方的态度在不断摇摆,但舆论在过去15年间大体上坚持自由主义,包括保障个人自由和权利、限制政府权力、推动市场化和法治,这些都是媒体的新闻与评论最为关心的话题。通过这种舆论,自由主义在一定程度上影响了法律与政策的决策过程。应该说，这是自由主义兴盛的重要标志之一，也是自由主义在中国最为成功的地方。我们下面将会讨论，自由主义在其他方向上的努力普遍遭遇挫折。

自由主义在大众媒体中的影响力，迄今为止，还没有衰落的明显迹象，不过，自由主义在思想界的兴盛并没有维持多长时间，危机很快就到来了。令人深思的是，自由主义的挫折是从经济自由主义的边缘化开始的，而 20 世纪 90 年代以来自由主义的兴起，在很大程度上就是搭经济自由主义的便车，所谓"成也萧何，败也萧何"是也。

应当承认，经济自由主义者所关注的问题，绝不只是经济自由；相反，他们追求完整的自由，他们向往法治、民主。但他们相信，在中国现行的体制内直接追求政治自由，不大可能取得成功，所要冒的风险也太大；而经济自由则具有足够的合法性，由此入手，实现完整的自由的可能性也比较大。哈耶克、弗里德曼等人对统制经济与专制之间关系的分析让经济自由主义者相信，通过增进经济自由，就可以推进政治自由。因为，那些西方理论家证明，现代专制政权与统制经济之间存在着直接关系，那么，瓦解了统制经济，也就拆除了专制统治的基础。弗里德曼在《资本主义与自由》(*Capitalism and Freedom*)一书前言中的论述则为他们提供了一个正面的理据：随着经济自由扩展，到了某个临界点上，政治自由就必然到来，不管以何种方式。简而言之，经济自由主义者相信，可以通过市场化"哄"出一个包括法治与民主在内的宪政制度。

但是，经济自由主义者的期望在相当程度上落空了。不错，在 20 世纪 90 年代中后期，国有部门确实在缩小，私人经济部门也确实有所发展。但是，最为悖谬的是，国有部门缩小的过程，引发了一个严重的社会政治问题，导致了经济自由主义的边缘化。

国有企业产权改革过程中,存在大量内部人私有化、权贵私有化现象。而对此,经济自由主义要承担一定责任,至少是理论上的责任。基于上面简单勾勒的信念,他们急于消解国有部门,就像著名的"冰棍理论"所暗示的,尽快私有化,不管采取何种方式;而最快捷的私有化当然是权贵私有化。经济自由主义从经济系统整体效率改进的角度,对此予以默许,甚至给予一定的支持,因为这起码实现了私有化。

很快,经济自由主义就要为自己理论上的短视与政治上的幼稚付出沉重代价。权贵私有化本身就是腐败,它激起了舆论和民众的不满。这一过程也扩大了贫富差距。尤其严重的是,这一过程总是伴随着普通工人在没有得到充分补偿的情况下大规模下岗,从而制造了新的城市贫民群体。

凡此种种现象引发了 2003 年至 2004 年的国有企业产权改革大讨论。当然,这只是一个导火索。事实上,20 世纪 90 年代初期以来形成的混合体制,固然释放了企业家的创造性,同时也给权力变现为资本提供了最佳机会。因此,这个时代中国经济固然快速增长,市场制度也在缓慢生长,但权钱交易同样也在四处蔓延,甚至速度更快。在这样的制度背景下,群体间的贫富差距迅速扩大。民众深感失落、失望。他们无力辨析问题出在混合体制的哪个部分,于是采取了最简单的办法:你们叫得最响的东西,一定只对你们有利,而对我们不利。那我们就反对它。最后带来的结果是,民众反对"市场"。

这就是 2003 年以后民众的普遍情绪:民众要求"市场"对他们的下岗、地位的相对下降和无所不在的官员腐败等现象承担全部责任。因此,当局迅速地实现了执政纲领的转型,于是有了胡锦涛"和谐社会"纲领的提出。

相反,经济自由主义者相当迟钝,仍然按照利伯维尔场经济学的逻辑进行自我辩解。但是,这种复杂的学理性辩解不可能说服公众。在大众眼中,经济自由主义声誉扫地。从此,他们失去了十年间在公众心目中的荣耀:在公共政策讨论中,他们也日趋边缘化。

最为有趣的是,中国的经济奇迹本来源于经济自由主义者所主张的私人产权和竞争制度,用 20 世纪 80 年代的主流话语说是"放权让利"。对于这样的政策,新左派一直持反对态度。但到了 2008 年以后,借着中国的经济奇迹,"中国模式"横空出世。新左派却俨然作为中国模式的政策设计者和理论阐释者,活跃于海内外思想与政治界,仿佛过去十几年的中国奇迹,就是他们所设计的。与此形成强烈反差的是,这个时候,经济自由主义者却在悲愤地抗议"国进民退"的现象——张维迎教授卸任北京大学光华管理学院院长职位,也许就是这一诡异事态的象征。

经济自由主义的边缘化,给整个中国自由主义思潮造成严重的负面影响。在此之前,因为体制自身在经历自由化转型,经济自由主义也活跃于决策中心,因而,当局对整个自由主义还有一定包容性,这似乎可以收到增加执政正当性的效果。2003 年以后,既然经济自由主义已经声名狼藉,它对当局来说也就是一种负面资产。当局自觉地拉远与经济自由主义的距离,这当然会导致体制内外的关系趋向紧张。

双方关系吃紧的更重要原因也许是,自由主义所主张的新的制度因素,在混合体制内,已经触及原有体制的天花板。回溯自由主义兴起的历史就可以发现,当局所冀望于自由主义的东西,主要就是经济自由主义,就是希望自由主义提供能够实现经济快速增长的秘方。整个自由主义思想体系中,只有这个部分与体制的目标是大体吻合的,并且,也只是发生在为了走出困境的最初短暂时期。至于经济之外的自由主义的其他主张,对于体制而言,总体上是威胁,包括经济自由主义者提得最多的"法治"。

因而,当局在获得了自由主义提供的经济增长秘方之后,立刻背对自由主义,这是合乎其自身的统治逻辑的。大众抛弃经济自由主义,给当局提供了一个反思和决策的契机。

因此,2003年确实是当代中国自由主义历史上的一个转折点——当然,也是当代中国历史的一个重要转折点。此后,体制内外的关系发生了大逆转,自由主义与当局从默契的同路人,变成了心照不宣的敌人。经济自由主义被抛弃,政治自由主义遭到压制。凡此种种变局推动中国自由主义思潮内部也发生了巨大变化。

三、 自由主义的自主实践

经济自由主义的消退,对整个自由主义思潮产生了较大的冲击。自由主义者被迫从不同方向上,重新寻找可能影响中国变革的渠道,由此,中国自由主义内部出现了若干新的观念与政治现象。

首先是"维权运动"的兴起。维权运动大约兴起于2003年,其概念的提出与阐发约在2004年初中期。

维权运动兴起的社会根源,与经济自由主义被边缘化的根源是相同的。那就是,在混合体制下,权力广泛介入经济过程,民众的权利和利益遭到严重侵害,起而抗争。这类民众包括下岗工人、农民工、上访民众,以及城镇房屋被拆迁的居民和乡村土地被征用的农民等,概括而言,他们属于弱势群体。权力与权利在这些方面的冲突,伴随着增长主义成为一种意识形态,经济增长的战线日益扩展,在21世纪初日趋广泛而严重。

面对这种情势,在法治化过程中成长起来的一些律师,在接受了自由主义理念后,在正义感的驱动下,起而协助这些弱势民众。他们通常是利用专业知识,介入司法程序,协助民众维护、主张自己的权益。他们构成了一个维权律师群体。也有一些草根知识分子,尽管不是律师,也成为维权活动人士,他们活跃在各地的维权活动中。

走司法维权之路,当然也与自由主义者关于法治治理的想象有密切关系。中国当代自由主义一个非常重要的共识是反对暴力革命,希望和平变革。现在,他们看到了民众的怨恨,期望通过司法途径,通过普通民众维护个人权利的抗争个案,推动法律与制度的渐进变革。当然,走司法之路,并不一定意味着不使用政治策略。事实上,维权活动人士通常与同样具有自由主义倾向的媒体保持密切联系,尤其是网络媒体,为他们突破官方新闻封锁、寻找同道,以及将个案政治化,提供了相当大的便利。而没有这样的政治化策略,个案抗争不可能取得成功。

最初,维权运动取得过一定成就,其中的标志性事件是 2003 年"孙志刚事件"推动收容遣送制度被废止。这是维权运动的经典案例,被人们津津乐道。不过,公民维权运动中真正取得成功的个案其实很少。

在现有体制下,这并不奇怪。与经济自由主义不同,从一开始,维权运动就遭遇极大压力。原因在于,在相关个案中,侵害弱势民众的主体通常都是基层政府、地方政府。因而,个案维权总是直接与政府发生对抗。

对于中国的自由主义来说,这是一次严重的挫折。自由主义向来被视为一种外来价值和观念,而很多自由主义者认为,自由主义在 20 世纪上半叶之所以遭遇挫折,就是因为自由主义缺乏民众基础。维权运动的倡导者认为,维权运动是自由理念植根于普通民众的一种有效渠道。但现在看来,草根知识分子转向民间参与民众维权活动的努力,并没有取得可观的效果。

与维权运动紧密关联,自由主义也经历了一次宗教化转向,尤其是转向基督教。20世纪初的自由主义进入中国,是与启蒙主义、唯科学主义结盟而行的。因此,新文化运动期间,最为响亮的口号是"科学",启蒙者号召人们走出迷信。胡适等人公开反对宗教,提出用科学替代宗教的设想。受此风气影响,在20世纪20年代,不少自由主义知识分子曾经深入参与、推动带有强烈民族主义色彩的"非基督教运动"。这场运动把启蒙主义反宗教的倾向与反帝的政治意识捆绑在一起,从而为未来中国在国家精神上走向彻底的无神论打开了通路。

但是,与激烈地反儒家的坚定态度不同,自由主义者对基督教的态度始终不是那么绝对。最有意思的是,从2003年开始,大量具有自由主义自我期待的人士皈依基督教——当然是非官方的家庭教会。

这种皈依固然基于个体对生命意义之追寻,但也有很多人是理性的皈依者。他们看到,现代自由宪政制度形成于欧美,而欧美的主流宗教信仰是基督教,尤其是新教。基于这样的历史考察,他们从知识上相信,现代自由宪政制度与基督教之间一定存在着直接关系。据此,他们得出一个关于转型的政策结论:中国要成为一个宪政国家,必须经历一个基督教化过程。已故经济学家杨小凯曾经公开提出过这样的理论,他是知识分子皈依基督教的典范。

还有一些自称自由主义者的人士,尽管没有信仰基督教,但是基于对西方制度的羡慕,相比于儒家,他们对基督教有更多肯定。在一般的知识性论辩过程中,他们自觉不自觉地把基督教当成宗教的最高形态。他们也相信,如果一定要选择宗教,那基督教就是最好的。如果宪政一定需要宗教基础，那就只能是基督教。从某种意义上，他们都是基督教的候补皈依者。

应该说，自由主义与基督教之间发生关联，极大地增强了自由主义的力量，尤其是在公民维权运动中。事实上，家庭教会的维权活动是维权运动中最为重要的领域之一。借助于宗教信念的激励和教会的有效组织，这方面的维权活动的成功率似乎也比较高。

不过，基督教进入自由主义场域，也在自由主义内部引发了紧张。这其中最具有标志性的事件是，2006 年 5 月，李柏光、王怡、余杰等三位基督徒不允许非基督徒郭飞雄到白宫会见布什（George W.Bush）。此事在自由主义圈子内外引起巨大震动。宗教在给自由主义带来力量的同时，似乎也让自由主义陷入某种程度的分裂。

应当说，维权运动与自由主义宗教化是自由主义从理论走向自主的实践的两个至关重要的尝试。这里说到"自主的实践"，旨在区别于经济自由主义者作为学者的实践。经济自由主义也参与了实践，推动了经济领域若干制度的变革。不过，大体上他们仍然是作为学者活动的，他们为民众突破计划体制的制度创新提供了学理论证，为政府制定政策提供了备选方案。他们的身份主要是幕僚。维权人士则直接作为司法或者政治活动的当事人，参与到民众维权过程中。

除了这两种实践外，自由主义还有另外一种实践，那就是通过公众舆论，影响法律与公共政策决策，以及影响个案。后者相当重要，因为，维权运动虽然走司法程序，但真正能够影响司法的力量还是政治，而自由主义可以影响政治的唯一途径是舆论。因此，所有取得成功的维权活动都离不开媒体的深度参与。恐怕也正因为两者之间关系如此密切，自 2003 年以来，当政府在打压维权活动的时候，总是会打压媒体。

四、 走出困境的可能性

经济自由主义没有"哄"出宪政,政治自由主义遭到压制,相对草根的自由主义维权运动也举步维艰。应该说,从 2003 年起,中国的自由主义经历了一个又一个挫折。

在这种情形下,自由主义学术似乎也在解体。自由主义在学院中曾经具有较大影响力,尤其是在经济学、法学、政治学等与市场及其支持性制度相关的学科内。但同样是从 2003 年起,这种影响力似乎在急剧衰减。相反,人们普遍相信,市场要对中国目前存在的问题承担责任,学院新左派的影响力随之迅速扩大。当然,另外一个因素也有利于新左派的扩张:愈来愈多的海归学者进入大学,这些学者的新左派倾向一般比较强烈。

当代思想界还有另外一个引人注目的现象:一些曾经的自由主义者经过一次根本性转折,转向了国家主义者,与新老左派相互唱和。这其中最为重要者是刘小枫,而甘阳也在一定程度上完成了这样的转向。在他们的影响下,学院中不少青年才俊(尤其是在政治哲学学科内),争相以晦涩的语言,为中国现行国家体制重构正当性,并呼唤中国支配世界。

与上述种种思潮的强势相比较,自由主义明显地处于劣势。而这样的教育格局,对于自由主义的前景,将产生致命影响。过去十几年中,自由主义观念之所以能够主导公众舆论,就是因为在 20 世纪 90 年代中后期,自由主义在学院内拥有较大影响力,从而影响了一批具有公共关怀的青年。那么,根据学院目前的气氛,或许可以推测,未来相当数量具有公共关怀的青年将会离开自由主义。自由主义在大众媒体领域的影响,注定将会萎缩。

　　总结一下，从 2003 年以来，自由主义在理论、实践两方面，均陷入困境。这一点在思想史和中国制度演进上究竟具有何种意义，还有待观察。这样的困境当然与不利于自由主义的政治环境有关。但是，自由主义的宗旨本来就是改造旧秩序，塑造新制度，因而，将自己的挫折、失败归咎于不利的制度环境，乃是毫无意义的。自由主义介入现实而遭遇挫折，本就是再正常不过的事情。观念与新制度之间，横亘着旧制度及附着于这个制度的巨大利益，穿越这两者的过程，不可能轻而易举。而如何有效地完成这一穿越，恰恰是自由主义者目前应当思考的根本问题。

　　关于这个问题的思考，也许可以从这个事实开始：每一次，当自由主义遭遇挫折、失败，似乎没有什么反响。这一事实令自由主义者尴尬。但 100 年来，这种情形已经司空见惯。这一事实也许显示了自由主义的一大困境：与中国的疏离。

　　现代自由的成熟观念是外来的，是借着自由主义思想于 20 世纪初进入中国的。这已被人们公认为一个事实，但我们下面的讨论将提示，这一所谓的事实究竟是否成立，显然是需要深入推敲的。即便它就是一个事实，我们依然可以说：事实不等于价值。

　　不幸的是，很多自由主义者却刻意地把这个事实当成了价值。这也许是人类观念史最为奇怪的事情：中国的自由主义者似乎一直在凸显自由观念的外来性质。这种离奇的倾向，在新文化运动启蒙自由主义及其当代的传承者那里，表现得格外显著。他们的推理过程是这样的：中国传统是专制的，没有一点自由的影子。自由是纯粹外来的。中国人要享有自由，就必须放弃自己的全部传统。《河殇》最为集中地表达了这样的主题：走出黄色文明，走向蓝色文明。

　　这是一种非常奇怪的"特殊主义"论说方式，它意味着，中国和自由，相互具有特殊性。自由是西方特有的，中国的特征就是无自由。哪怕从自由的传播学角度来看,这样的论说方式也是令人难以理解的,这等于把自由置于中国文明之外。于是,对中国人来说,自由纯粹是一种外来之物,而自由主义者仿佛就是"偷火者"——很多自由主义者就有这样的自我定位。如此一来,自由主义当然也就成为少数人观念中的稀缺物品。按照这样的论说,自由主义者尽管一直在想象一个普遍自由的世界,但除了孤独、愤懑的自由主义者之外,这个理想世界与现实之间,似乎没有任何宽阔得足以让国民通行的通道。也就是说,自由主义(尤其是启蒙自由主义)的思考方式,让自由注定了不能进入中国人的生活。

就这一点而言,20 世纪 90 年代兴起的经济自由主义,以及其延伸到法学领域中的论说方式,要聪明很多。它断言,追求财产权和经营自由、追求个人权利,乃是人的普遍天性,不分中西。也就是说,自由的学说固然是西来的,自由却是内生的,中国人的自由观念也完全可以并且应当是内生的。

这样的论述拉近了自由与民众之间的关系,也因此,经济学、法学自由主义中的"产权""竞争""权利"等诸多词汇,顺利地进入公共话语体系中,甚至变成最底层的拆迁户、访民用以主张自己利益的话语。正是这一点,让维权运动得以展开。而一旦民众使用这些话语,它们就能在潜移默化中改变使用者的观念和行动模式。

由此可以看出,在中国语境中关于自由的普遍主义论证方式,更有助于自由的观念融入中国人的生活之中,也有利于自由的话语进入公共话语体系中,从而在较为广大的社会中催生一种以观念生成新制度的意向和行动——最起码,自由主义在遭遇挫折的时候可以获得同情,而不被民众当作无关的事情对待。

这个普遍主义的自由论说,至少可以有两个维度:首先是哲学的维度,也即,从哲学和伦理学的角度论证,人,包括中国人,天然地倾向于自由。其次是历史的维度，也即论证，中国人在漫长的历史中，并没有甘于接受非自由的生存状态。因而，对于中国人来说，自由不仅是一种伦理的自然，而且就是一个现实，尽管是一种没有完全实现的现实。由此，自由就在中国人的生命中，中国人不可能拒绝它，也一定可以圆满地实现它。

这些命题都需要深邃而广泛的理论论说，不幸的是，中国的自由主义在这两个方面都没有什么作为，而只有一堆常识。这也就是中国自由主义的另外一个严重缺陷：理论的匮乏。这一点，实际上是过去 100 年来中国自由主义的致命缺陷。也许，康有为、严复、梁启超等先贤还是有理论思考的意向的，但到胡适那一代的自由知识分子，完全放弃了在这方面的努力。这与他们对启蒙的迷信有关。他们相信，既然西方已有成熟的自由主义理论，中国人就不必深思了。中国人现在要做的工作，只是把西方的常识教导给中国人，尤其是青年人，然后就万事大吉。在他们看来，中国人再去进行理论思考，简直是一种智力的浪费。因此，他们一直满足于宣传自由主义的常识。最奇怪的是，胡适等人是学者，而且是大学者，但他们的学术与自由理论毫无关系，他们是红学家、史学家、逻辑学家，而没有一个是专门研究自由社会秩序之性质与实现进路的伦理学家、政治哲学家或政治科学家。

20 世纪 90 年代初兴起的另外两个谱系的自由主义——经济自由主义和政治自由主义，在这方面略有改观，但也极其有限，大体上这两种自由主义者也只是常识的传播者。经济自由主义在重复美国利伯维尔场经济学的常识。政治自由主义是在与新左派的争论中登场。按理说，学院新左派具有很强烈的理论抱负，这种抱负理应推动自由主义者进行理论思考。但是，自由主义者似乎并没有这样做，而依然以常识来回应对方。当然，在与新左派争论的过程中,有人也曾试图从理论上予以回应。但这种回应却与中国的现实严重脱节。因为,新左派大体上主张一种后现代理论,与之论辩的政治自由主义的思考,也就显得十分怪异。比如,有些自由主义者按照新左派设定的议题,竭力论辩社会福利和社会保障制度不好。在当代中国语境中,这是一种奇怪的政策结论。因为,很显然,中国有大量最为弱势的人口不能享有最为基本的生活条件。自由主义者的这一论说,只会让他们被大众抛弃。

这一事实显示,中国自由主义者缺乏理论的自觉,缺乏设定理论议题的能力。在西方,自由主义拥有丰厚的传统,因而,中国自由主义背负了太多常识,容易错误地幻想:凭借这些常识,就可以解决自己在中国所遇到的全部问题。其实,不光中国大陆自由主义者这样对待理论,台湾地区自由主义者同样如此。这样,自由主义从理论上所讨论的大多数议题,是被自己的对手设定的,要么是政治上的对手,要么是观念上的对手。也因此,中国自由主义始终无法深入到理论的世界中,无法在中国经验中发展出完整的自由主义理论体系。

而没有这样的理论体系,自由的常识就是脆弱的。至关重要的是,没有这样的理论体系,自由主义就没有源源不断地生成观念的能力。这样,在中国社会中,自由的观念也就是时断时续的,缺乏连贯性,终究不能融入文明之肌理中,更无法变成这个文明的灵魂。

中国自由主义要摆脱目前的困境,当然要做很多工作,包括重新寻找介入现实的途径。此外,还有另外一项至关重要的工作,那就是深思熟虑。也即,中国自由主义需要进入哲学、进入理论的世界。

专制制度也许不需要制度设计,但要获得优良的治理秩序,就必须进行制度设计。市场、法治都是多种规则、程序、制度的异常复杂的组合,它们的构想、构造以及运转,需要集中人类一切治理智慧。一个国家,即便它的精英殚精竭虑,也未必能够设计出良好而可运转的制度。试图依靠常识就完成这一工作,实在是过于轻浮的想法。

当然,中国自由主义的理论构建,必须立足于中国现实。事实上,过去 30 年间,或者 60 年间,或者 100 年间,中国发生了巨大的变化。这个人类最大的文明体的现代转型经历了诸多挫折、反复,中国目前仍然在经历转型的痛苦。这一历史与现实乃是理论思考最好的对象。通过这样的思考,中国学人完全可以在一切人文与社会科学研究范畴取得重大突破,丰富人类关于人与秩序的认知。

理论绝不是无足轻重的。当代中国新左派、国家主义作为一种观念的兴起及其在精英群体中所发挥的强大影响力,已经证明了这一点。而中国自由主义理论上的贫弱,面对迅速变化的现实时设定理论议题能力的匮乏,乃是其在学院、学术界,乃至在观念世界和政治世界中逐渐丧失魅力,甚至被边缘化的根本原因。

作为后发国家,在中国,自由首先呈现为知识。中国自由主义在中国语境中进行的理论思考,乃是实现关于自由的外来知识"本土化"的唯一途径。普遍的知识唯有本土化,才有可能具有构造制度的能力。理论可以生成观念,观念可以催生行动。在中国语境中对自由进行理论性思考,可以极大地推动现实的制度朝着有利于自由的方向演进。

最为重要的是,通过自由主义的理论构造,自由将被置于中国的文明脉络之中,或者更确切地说,通过这样的理论思考,自由将呈现为从中国文明内生的中国样态。中国与自由不再互为特殊,而是共生一体的:自由不再是知识,而是事实,伦理的事实或者历史的事实,总而言之,自由就是中国之"道"。这样的知识或许可以在中国知识界或通过大众媒体在大众中,塑造强有力的观念,尤其是塑造一种对于自由的普遍的信念。对于制度变迁来说,再也没有比信念更重要的因素了。

新启蒙：衰败与修正

李北方 *

　　尽管内外上下的问题很多，我们中国迄今为止表面上看起来都还好。但这些问题会在下一个 10 年向哪个方向演化？这取决于下一个 10 年我们拥有什么样的思想资源，走一条什么样的路。对此，思想界有各种各样的回应，有人信心满满、言之凿凿，有人慷慨激昂、跃跃欲试，有人凝眉沉思、上下求索，细审之，这些对时代挑战的回应之间相差何止千万里。

　　这反映了思想界的严重分裂，在对中国社会性质的判断、对未来路径的选择上，几乎难以找到可以被共享的思想资源。本文试图以新启蒙思想为坐标，对当下的诸种理念做一个简要的梳理和剖析。

＊　李北方，《南风窗》杂志主笔，分别于北京大学政府管理学院和伦敦经济学院人类学系获得学士和硕士学位，以"做一个人民的知识分子"为努力方向。李北方对大众关注的思想论争、社会热点、国际格局等议题均有深刻而独到的见解，曾发表《人与制度，哪个重要》《青年的沉浮》《中国人是如何被洗脑的？》《南方系大起底》《没有人民，何来公民？》等颇有影响力的文章，被多家媒体杂志转载。本文原载《南风窗》2012 年 9 月刊。

一、 启蒙与新启蒙

1949 年,胡风诗意地写道:"时间开始了。"这一表述的意思是,一个真正有意义的、光明的、进步的时代到来了,与这个新时代相对应的,是此前的没有意义、黑暗和落后。

为一个时代赋予意义是一种现代的现象,它既是对崭新的历史阶段的概括,也是主观的意识形态建构。这种思维方式在 1978 年之后再次浮现,新启蒙主义的知识分子将属于他们的时代重新划定为现代的时间起点,1949 年以来的革命和建设的那段历史于是就被归在这一起点之前了。

启蒙思想指向的是现代性。现代性思想起源于西欧,是基于其独特的历史经验发展起来的,在这个意义上,它并不具有普遍意义;现代性包含了一种独特的时间意识,它通过与过去的对立来自我确认,现代被塑造为一个突破了不断循环的旧时间观念的新时代;现代性同时还是一个对某种社会形态的承诺,哈贝马斯称之为一个"方案",即一个在经济、政治、文化等各个方面全面建设新的世界的蓝图。

一个难以否认的事实是,现代性的传播曾是殖民主义的副产品,其他地区对现代性的接纳往往是被枪炮征服的结果,伴随着屈辱、激愤和急切,故而接受和学习的过程不可避免地带有盲目性,不加批判地照单全收,在过程上和结果上呈现出错位感。具体表现首先是"全盘西化",不仅政治、经济、军事等方面摹仿西方,文化、习俗等也企图和西方接轨;其次是激进的反传统倾向,反传统至少有两重意味:既通过制造与传统的对立确认现代的到来,也是配合文化上与西方接轨的需求。

这也是 20 世纪初中国启蒙运动的总体特征。事实上,中国启蒙运动的思想构成极其复杂，内部包藏着反启蒙的因素，知识分子群体基本上只是在"全盘西化"和"反传统"的态度下获得了一致感；另外，在当时的国内外历史背景下，中国走上了革命建国的道路，启蒙思潮中断了。这就是后来新启蒙知识分子所感慨的"救亡压倒了启蒙"。

20 世纪 80 年代初重又兴起的新启蒙思潮在态度和思维方式上机械地继承了第一次启蒙运动的遗产：以西方的目标为目标，以西方的道路为道路，《河殇》式的"全盘西化"论受到追捧，传统再次受到检讨和批判。尤其值得关注的是，新启蒙主义者在"现代—传统"二元对立的思维支配下，无视革命和社会主义建设历史中的现代性因素，将其视为"传统"而加以彻底的否定。

从"救亡压倒启蒙"的历史概括中可以看出，新启蒙主义关注启蒙甚于关注国家的独立自主，忽视了建立现代意义的国家本是现代性必不可少的一部分。他们提出启蒙方案仅限于建立在"国家—市场"或"国家—社会"的二元对立基础上的针对国内议题的安排，漠视中国与全球性政治、经济因素的互动关系，从而为中国加入全球资本主义体系奠定了意识形态基础。

这种不完整的视野是以当时中国相对安定和平的外部环境为背景的，但这种环境恰是被新启蒙主义者拒斥的革命和社会主义建设时期留下的遗产。同时，因为 1949 年以后的这一段历史，新启蒙思潮表现出更浓厚的精英主义色彩，对平等的理念予以拒斥。有知识分子将民族主义和民粹主义归结为中国近代思想的两个"精神病灶"，即这种思想倾向的集中表现。

二、 新启蒙的僵化和没落

新启蒙主义者一般被泛泛地称为自由主义者，虽然这两个概念的内涵差异甚大,但在现实中形成了某种程度的相互替代关系。

　　20世纪80年代的新启蒙思潮是绝对的主流,虽然涵盖在新启蒙旗帜下的思想取向纷繁复杂,但知识分子群体大体上保持了一致性。正如一位学者所概括的,80年代的知识分子基本上都是自由派。这种一致性在1992年之后的激进市场化浪潮下被冲垮了,在社会结构重构的条件下,知识分子的社会基础也重构了。随之而来的是,他们对现实问题的判断以及相应的解决方案呈现越来越明显的分歧,各种思想派别的界限清晰起来。

　　新自由主义思潮渐成主流,这一思潮宣称接续了新启蒙精神,它不但在公共媒体空间获得话语的优势地位,也深度影响了政府的决策取向。新自由主义表面上是一种经济理论,但它实际主张的是通过激进市场化对社会生活的方方面面做出安排。在没有市场的领域,它主张通过国家干预创造市场空间,并深信这种市场化可以培育出一个市民社会,进而自动地实现政治上的现代化。

　　新自由主义要求对历史进行重新叙述,特别是对革命和社会主义建设的历史持激进的否定态度,正是在这一点上,经济的新自由主义与一部分人文自由主义者和一部分政治自由主义者形成了同盟关系,在20世纪90年代深化了在各个领域的话语霸权。

　　在对新自由主义思潮的各种学理性分析中,论者往往忽视了社会心理层面的因素,而这其实是非常重要的。在新自由主义旗帜下聚集起来的知识分子,大都经历过计划经济年代,对那个时代的平等取向和对待知识分子的方式极为反感,这种心理极大地影响了他们的学术思考和价值取向。这种态度越来越走向极端,以致连自由主义阵营中注重平等的传统都无法容忍,温和的罗尔斯主义者也会被扣上"左"的帽子而被视为异端。

　　随着中国面临的挑战越来越尖锐化,这一流派的解释能力和对策能力开始显得力不从心,他们的表述基本上简化为通过"继续深化改革"来解决所有问题,对改革的具体内涵却羞答答地欲说还休。这一思想流派巧妙地利用了国家体制的多重性,利用"国家—市场/社会"二元对立的言说方式把自己塑造为民间批评者,但这掩盖不了他们深度介入改革决策的事实,也不能否认他们需要对各种各样的社会问题所负的责任。

2004 年掀起的关于国企改革的讨论是主流经济学家遭遇挑战的开始,2008 年的金融危机之后,他们拒绝对其所主张的改革方向做出反思,进一步强化了大众的不信任。与此同时,他们也遭遇了个人道德层面的质疑,比如激烈批评权贵资本主义的人,被指为权贵的一员,激烈反对国企垄断的经济学家被揭穿担任着大国企的独立董事,等等。

自媒体的兴起严重地削弱了新启蒙主义者的影响力,他们对历史和现实的僵化解释越来越不能说服别人。他们的理论和政策主张虽然还能得到决策层的回应,在媒体上也保持着发声的空间,但在民众中的影响力却不可逆转地衰落下去了。

三、 儒家复兴: 对新启蒙的一种修正

传统又火热了起来。在政治社会生活层面,传统复苏既是填补价值观缺口的需要,也是价值观缺失的表现。

无论是"以德治国"理念,还是"和谐社会"理念,都有浓厚的儒家思想色彩。2010 年底,孔子的塑像一度被竖立在了天安门广场上,随即又在争议声中悄然移走。在民间,传统复苏表现为大修宗祠和编订族谱的活动,但需要注意的是,这是与基督教、佛教的发展相伴随的,到底哪种趋势占上风难下定论。

儒家思想被引入管理学领域，一些号称国学大师的人教导企业管理者如何在正确地理解人情的基础上发挥员工的最大潜能，不少大学针对企业高管开办了国学班。在大众文化领域，儒家文化通过"百家讲坛"走进千家万户，发挥了心灵鸡汤的作用，它告诉大众，遇到不公不要抱怨，要返回你的内心寻找宁静。

在思想界，儒家也很活跃，近年来上升的势头强劲。各式各样的儒家学说与新启蒙思潮密切相关，且一直试图对新启蒙主义的现代性理论起到修正和本土化的作用。

从 20 世纪 80 年代开始，就有一部分知识分子开始注重传统的价值，他们的目的是从中国自身的传统资源中寻找韦伯所论述的新教伦理的替代物，以此作为中国实现现代化的精神动力。适逢"亚洲四小龙"创造了快速增长的经济奇迹，海内外的一些儒学家将儒家与现代化结合起来研究，另外一些社会学者也从文化的角度研究东亚的社会转型，一时间儒教资本主义的概念变得炙手可热。新加坡政府甚至提出了"亚洲价值"的定义。

这一思潮有两个缺陷。首先，它似乎致力于在西方现代性之外寻找另一种现代性，以此纠正新启蒙的西方中心论，但是它并未把现代化和资本主义当作需要讨论的问题，而是当作了不容置疑的前提。其次，儒教资本主义的概念掩盖了全球资本主义真实的生产关系。"四小龙"的高速发展期适逢西方发达国家向后福特主义转型，进入大卫·哈维所概括的"灵活累积"阶段，阶级关系、性别关系也随之重建。血汗工厂的重现、生产中更依赖妇女和儿童劳动力是个全球性的现象，并非东亚儒家文化圈所独有，也许儒家传统文化在某种程度上助长了这种生产方式的活力，但把东亚奇迹归结为这一地区的人"热爱劳动""注重家庭价值"等，是片面和有误导性的。结果，1997 年东南亚金融危机轻易地就戳破了儒教资本主义的神话。

进入 21 世纪以来，一个值得关注的思想现象是政治儒学的兴起，政治儒学主张在中国重建"王道政治"，建立政治认同。政治儒学又可以分为两类，一是与自由主义结合相对密切的"儒教宪政主义"，二是蒋庆所代表的被有些人冠以原教旨主义的政治儒学。

前一种政治儒学部分地与新启蒙阵营的分化有关。一些极端的新启蒙主义者认为，中国要彻底接受现代性，就必须从根本上进行改造，也就是基督教化，于是他们选择了皈依基督教。有的自由主义者认为这是不可能的也是不可取的，于是转而延伸了儒教资本主义论者从传统中寻找有利于现代性因素的逻辑，用宪政主义的视野重解儒家传统和中国历史。还有一些人首先是儒家，但同时认同自由主义的政治价值。这两类知识分子构成了"儒家宪政主义"，但他们却和新儒家一样，不得不面对蒋庆提出的"以西解中"的批判。的确，这一流派对历史的阐释有削足适履之嫌。

蒋庆的理论之所以被称为原教旨主义的政治儒学，是因为彻底拒绝西方文化，不承认自由、民主、人权等理念的价值，自成一家地构建了"王道政治的三重合法性"理论和"儒家议会三院制"的政体构想。但这一理论的问题在于将构建中国文化的主体性僵化地理解为关闭与西方理论及其他非儒家学说对话的通道，比如，蒋庆也使用"宪政""市民社会"等西方社会理论概念，但这些概念在他那里呈现的完全是他自己定义的另外一种含义。

总体上，政治儒学体现了对西方中心主义的现代性理论进行修正的努力，但有两个无法绕过的硬伤。首先，政治儒学的精英主义取向太过明显，在其所构想的理想社会中，有一点是恒定的，即"唯上智与下愚不移"。由此，政治儒学对革命和社会主义建设的历史和成就予以漠视，而这正是当下中国重要的组成部分，这使得政治儒学与现实缺乏贴近性。

其次，今天的中国是一个多民族国家，"多元一体，和而不同"的中国文化在漫长的发展过程中融入了多种文化元素，儒家只是其中的一部分。政治儒学内含的"大汉民族主义"不仅无力凝集各民族各地区，而且具有潜在的解构倾向，更遑论在全球化时代起到维护国家利益的效能了。

四、"中国叙述"派

近年来，伴随着"中国模式"的讨论，一些知识分子以"中国文化论坛""文化：中国与世界新论"书系等为主要平台，贡献了一批有价值的思想成果。他们注重重建中国历史的连续性，代表性的作品包括甘阳的"通三统"说和韩毓海以中国为中心、在中西交互的过程中构建的大历史叙述；对包纳了多元族群的中国进行整合性的叙述，典型的成果有赵汀阳的"天下体系"论、王铭铭对中国文明"中间圈"的研究和汪晖的"跨体系社会"说等。

他们工作的最大价值是突破了"中国—西方"和"国家—社会"二元对立的思维模式，挑战了现代性不言自明的神圣地位，现代化、资本主义、民族国家、民主等概念都不再是前提，而是需要重新探讨的问题。

这个知识分子群体可称为"中国叙述"派，但目前尚无清晰的边界，其理论成果尚不能说具备了系统性，但已经在当下的思想竞争中提供了另一种可能性。

治理理论与新自由主义政治话语的兴起

李　泉*

一、导论

　　20 世纪末治理理论的出现标志着新自由主义话语在全球政治和学术领域的崛起。这种世界资本主义体系结构性变革的前哨发生在英美保守主义政府时期的战略性政府重组，随即一股流行全球的政治改革浪潮传播到了其他发达资本主义国家以及亚洲和拉丁美洲的发展中国家。作为改革议程的核心部分，治理理论为论证新自由主义者进行的政策变革提供了一个有效的知识系统。①具体来说，作为一个分析工具的治理理论倾向于强调政治过程的复杂性和

＊　李泉，中山大学政治与公共与事务管理学院政治科学系讲师、中山大学中国公共
　　管理研究中心研究员。研究领域为政治理论、政治伦理学和政治意识形态。著有
　　The Idea of Governance and the Spirit of Chinese Neoliberalism（Palgrave Mac-
　　millan，2017）《治理思想的中国表达》等书，多篇论文发表在《中国行政管理》《复
　　旦学报》《现代哲学》等期刊。本文原载《中国政治学年度评论（2015）》一书中，由
　　格致出版社于 2015 年出版。
①　Harvey，D.，*A Brief History of Neoliberalism*，New York：Oxford University
　　Press，2005，pp.64—86.

在国家与社会互动过程中行动者的多元性[1]；而该理论的规范性基础在于重新界定政府的性质与目标，即政府应当缩小规模和范围，并积极推动政策调整以便创造出那些能够适应新自由主义全球化浪潮的社会经济条件[2]。可以说，治理理论作为当代政治语言中的重要思想，倾向于合理化一种符合新自由主义设计的国家与社会之间的互动关系。

当这一新兴的政治理论在 20 世纪 90 年代中期被介绍到中国政治研究中时，中国政府正在经历一场深刻的制度变革以响应新兴的社会及其对其法治、责任和透明等方面日益迫切的要求，新的理论便随即在这个世界上最大的转型国家中获得了用来解释甚至影响改革进程的试验空间。随着西方著作的引进并在中国政治学界日益获得影响力，治理理论本身的概念内涵和理论结构的本土化进程也逐渐加快。因此如何理解该理论在中国转型时期的适应性，以及对其重塑本土政治思维的作用方面进行考察，正在成为重要的研究课题。[3]

本文的目的是提供一种对当代中国政治学界中的治理理论的出现及其变迁的历史解读，致力于阐明该理论在政治学研究中传播的原因、过程与影响。这一工作分为两个层面进行。在学理层面，

---

[1] Kooiman, J., ed., *Modern Governance: A New Government-Society Interactions*, London: Sage, 1993; Kooiman, J., *Governing as Governance*, London: Thousand Oaks, Calif.: Sage, 2003; Salamon, L. M. ed., *The Tools of Government: a Guide to the New Governance*, Oxford, New York: Oxford University Press, 2002.

[2] Prakash, A. and Hart, J.A., ed., *Globalization and Governance*, London, New York: Routledge, 1999; Taylor, J., "Governance", In Blakeley, G. and Bryson, V. ed., *Contemporary Political Concepts: A Critical Introduction*, London: Pluto Press, 2002.

[3] 陈振明、薛澜：《中国公共管理理论研究的重点领域和主题》，载《中国社会科学》2007 年第 3 期。

文章聚焦在治理理论本土化演变过程中的主要脉络，并厘清这一理论整合进入国内学科话语体系中的具体方式。在内容层面，文章以几位前沿的国内学者为例，将其置于 20 世纪 80 年代以来政治改革的理论争论背景之下，深入讨论他们的研究议题及其对学界选介国外治理思想时的影响。这项研究将为我们展示出治理理论逐渐融入本土政治思考的处境化过程的主要特征及其对建构中国新自由主义政治学研究模式的深远意义。

　　为了进行这项针对学科话语的思想史研究，有必要首先介绍本文采用的几项描述性要素：概念（concept）、默认（assumption）与学科导向（disciplinary orientation）。首先，"治理"概念经常与诸如国家、政府或公民社会等其他重要的政治概念一并出现，因而对"治理"这一术语恰当含义的理解需要借助由其他概念及其指涉的事物所搭建而成的各种模型或理论框架才能进行。因此，治理连同其他被用来为政治世界提供观念性秩序的一套概念体系就成为一项基本的分析要素。其次，政治理论或模型经常会包括一些默认，这些假设提供了对两个或多个核心概念之间关系的因果或价值性判断。在这些预设中，其中一些通常被清晰地陈述为显白的命题，而另一些则是隐晦不见的，后者常常会嵌入在理论的表达形式中并且像黏合剂一样连接着其他显白的预设。事实上，这些更加隐晦的预设内化在了被专业学者应用在理论或实证性研究的认知工具中。因此，本文的第二组描述性元素将关注学者们所使用的治理概念背后的上述两类预设。最后，在学科研究的发展中，一些清晰表达的概念结构及其实证性数据相较于其他概念结构对随后的研究会产生更大的影响力。换言之，这些研究对一个学科话语的发展拥有更强的塑造能力，尤其体现在新概念的创造或新研究领域的开拓方面。所以除了对这些核心文献进行详细的文本分析，它们对学科研究导向的影响也是本文讨论的重要内容。

　　纵观治理理论自 20 世纪 90 年代中期开始的西学东渐的历程，可以发现西方治理思想的本土化是在不断试错的过程中逐步发展的。文章首先回顾了 20 世纪 80 年代至 90 年代政治学研究的语境，尤其是围绕中国社会及其对政治体制改革前景影响的讨论，从中可见学者们在初次接触治理思想时关注的主要问题。文章随后详细考察了阐释治理思想的代表性研究，它们分别从两大新自由主义源头获得启发：其一是世界银行的官方报告，另一个是探讨英美等国家政治改革经验的论著。这些研究的主要目标不仅是将治理思想处境化以便为当时政府改革所遇到的阻碍寻找解决的方案，而且要根据新自由主义的议题来重新定位学科的研究与发展方向。但是，由于自 80 年代以来学科导向的偏好，早期的努力尽管为处境化的治理理论提供了有效的概念要素，但是在向学术界传播新的思想方面却收效甚微。直到 20 世纪末，当治理理论逐渐融入国内学术话语体系时，它才对中国学者产生直接的影响，同时也有效地开启了中国政治体制改革研究的新自由主义视野。

二、　政治体制改革研究的启动

　　国家重构与对这一政治过程的学术研究在转型中国的当代史中是同时进行的。两者共同的起点是对十年"文革"的批判性反思，目的是搁置无休止的政治运动而找到一条可持续发展的社会主义道路。这便要求重新将政治议题的焦点转移到经济发展上来，因为后者被视为现阶段国家发展最大的阻碍。这项工作的开展附带着两个思想解放的要点。首先，理论批判指向对社会主义阶段政治现实的重新理解。对改革派领袖和知识分子而言，毛泽东提出的无产阶级专政下的继续革命理论从根本上误解了社会主义政治议题的实质，并由此带来了灾难性的后果。与此相应地，新的政治领导人呼吁从此前阶级斗争主导的思维模式转换到和平改革的议题中来。该议题随后成为 1981 年召开的十一届六中全会的中心主题。会上通过了《关于建国以来党的若干历史问题的决议》的历史性文件，系统回顾了中国共产党几次重大失败，特别是在"文化大革命"中的经验教训，并以此为基础得出了对政治现实与生活特征的新判断：

（35）一、在社会主义改造基本完成以后，我国所要解决的主要矛盾，是人民日益增长的物质文化需要同落后的社会生产之间的矛盾。党和国家工作的重点必须转移到以经济建设为中心的社会主义现代化建设上来，大大发展社会生产力，并在这个基础上逐步改善人民的物质文化生活。我们过去所犯的错误，归根到底，就是没有坚定不移地实现这个战略转移，而到了"文化大革命"期间，竟然提出了反对所谓"唯生产力论"这样一种根本违反历史唯物主义的荒谬观点。今后，除了发生大规模外敌入侵（那时仍然必须进行为战争所需要和容许的经济建设），决不能再离开这个重点。党的各项工作都必须服从和服务于经济建设这个中心，全党干部特别是经济部门的干部要努力学习经济理论、经济工作和科学技术。

四、在剥削阶级作为阶级消灭以后，阶级斗争已经不是主要矛盾。由于国内的因素和国际的影响，阶级斗争还将在一定范围内长期存在，在某种条件下还有可能激化。既要反对把阶级斗争扩大化的观点，又要反对认为阶级斗争已经熄灭的观点。对敌视社会主义的分子在政治上、经济上、思想文化上、社会生活上进行的各种破坏活动，必须保持高度警惕和进行有效的斗争。必须正确认识我国社会内部大量存在的不属于阶级斗争范围的各种社会矛盾，采取不同于阶级斗争的方法来正确地加以解决，否则也会危害社会的安定团结。一定要毫不动摇地团结一切可以团结的力量，巩固和扩大爱国统一战线。

上述引文显示出中国共产党优先规划的议题正在从阶级政治转变为经济发展。当学者在同时期尝试重建被政府长期边缘化的政治学科时，这一政治背景有效地塑造了学界基本的问题意识：为了使学术研究有助于改革的启动，学术议题的设定需要整合进新的政治蓝图并为其提供思想支持。值得注意的是，这种自觉的学科导向超越了具体政策领域的范畴，而是首先在学科思维逻辑的层面进行的。具体来说，学者普遍认为此前政治灾难的思想起源是对"政治"概念的误用，将其看成"阶级斗争"的同义词；与这种对政治的狭隘理解形成反差的是将现实中社会生活进行政治化的趋向。在"文革"的全盛时期，社会生活的几乎每个方面都被轻易政治化成了敌对阶级之间的斗争领域。在学者看来，这是缺乏对政治生活进行恰当的学术理解而造成的社会主义中国的悲剧。[1]因此，在反省历史教训中成长起来的新兴学科必须将政治分析定位在一种针对人民内部关系的研究上，而不是无产阶级与资产阶级间的对抗活动。与此相应的是，政治分析的基本概念也需要改变，例如，阶级不再被看作唯一重要的分析要素，而需要辅以对社会阶层、族群、工作单位等因素的理解。这种更加全面的方案被认为能够提供合适的分析工具来理解随着市场经济的兴起在社会群体之间出现的日益复杂的利益格局。

---

① 曹沛霖：《新世纪中国政治学的"三个走向"》，载《天津社会科学》2001 年第 2 期；王浦劬：《从阶级斗争到人民共和——我国政治学研究的逻辑转换析论》，载《北京大学学报》(哲学社会科学版)2009 年第 1 期。

　　除了对革命的政治现实的否定,思想批判的另一个重点是党和政府体制内的权力分布问题。邓小平承认不仅是毛泽东个人的工作风格,而且过度的中央集权体制也是造成"文化大革命"中政治失误的主要原因。集权化的党的领导很容易转变成为少数人的统治,而这种情况在当时不同程度地存在于全国范围内党的领导机构和组织中。因此,最为紧要的是在政府部门内形成制度化的民主决策和管理机制。在改革初期,这项议题很快成为那些个人政治权力滥用牺牲者的福音,特别是知识分子。政治学者利用专业优势开始了对权力的研究并很快提出民主化的改革愿景。与这一个学科研究的自我定位相匹配的是实践中研究取向的更新。首先,政治学应该通过学术研究来发展对当下政治体制改革的温和性理解,而避免针对同一对象的激进态度。其次,政治学应当倡导对政治生活及其局限的现实性把握。相反地,任何理想主义的主张都会有导致政治运动和社会不安的危险。第三,一种对政策议题建设性的立场比起批判性的研究更值得肯定,因为后者被普遍视为对政治发展不利。①当学者对政治学的主要研究取向达成共识后,他们便着手开始对民主化的政治体制改革规划进行研究了。

　　尽管初期的研究主要关注党和政府内民主程序的制度化问题,但学者很快便跨过这一界限,将话题转移到对国家民主结构的讨论中。受到党内主要领导人的强烈改革意愿的鼓舞,学者普遍相信一个民主的中国很快会随着对执政党领导的自我约束接踵而至。因此,中国政治与行政改革的一个中心主题被锁定在了民主转型的目

①　杨海蛟:《20 世纪 90 年代以来中国政治学研究的特点及发展趋势》,载《浙江社会科学》2001 年第 4 期;张国清:《从政治学到政治科学——中国政治学研究的难题与范式转换》,载《厦门大学学报》(哲学社会科学版)2004 年第 5 期;王浦劬:《从阶级斗争到人民共和——我国政治学研究的逻辑转换析论》,载《北京大学学报》(哲学社会科学版)2009 年第 1 期。

标上,而市场经济和自由民主政府的组合被认为是最佳方案。但是,这一乐观的估计很快被证明是不现实的。20 世纪 80 年代启动的经济实验只取得了短暂的成功,却在中后期造成意外的大范围通货膨胀、腐败和社会不平等。受制于经济议题,党的领导群体对如何解决改革的难题各持己见。党和国家随后搁置了政治体制改革的议题,重新将权力集中以避免任何政治风险。与此同时,学界却仍旧寄希望于来自政治中心的新一轮改革。对理论和实践中的改革者而言,这都是一段颇为艰难的时期。

三、 公民社会理论的兴起

经过两年多的沉寂,国家与公民社会的讨论作为一种新的思想实验在学界出现,目的是寻求启动政治改革的替代途径。在讨论的早期阶段,学者尝试根据新自由主义模型的标准来勾勒中国转型社会的几大关键性要素。在 1992 年发表的《建构中国的市民社会》一文中,邓正来和景跃进第一次明确提出了中国公民社会的双重维度:第一,它是基于契约原则组成的私人领域,其中社会成员可以自发和自愿地从事各项社会经济活动。第二,它也是一个社会成员参与政治事务的公共领域。他们论证说,这两大互相交叉的领域是由独立的个体、组织和利益集团组成的。企业家和知识分子等新兴的社会群体不仅可以成为自发的公民社会的重要因素,同时也是政治参与的活跃的领导性力量。换言之,他们是市场经济所培育的独立、自主和自由等社会美德的载体。与此相反,社会的主要组成成员——工人和农民——则被抛弃并被剥夺了在公民社会中的积极意义,他们因此需要附属于新兴的社会群体。更进一步说,潜在的阶级冲突不再以政治议题的形式出现,而是成为一种只能由公民社会自身来规范和调节的利益矛盾。

除了对社会结构的新看法,邓正来和景跃进还进一步提出中国进行民主转型的新自由主义版本。他们声称中国公民社会的主要目标是通过国家与社会的结构性变革来推进经济市场化与政治民主化。他们认为"中国现代化两难症结真正和根本的要害,在于国家与社会二者之间没有形成适宜于现代化发展的良性结构,确切地说,在于社会一直没有形成独立的、自治的结构性领域",因此,"作为中国现代化进程的一种战略性思考,这一理论的根本目标在于:从自下而上的角度,致力于营建健康的中国市民社会。通过中国市民社会的建构,逐渐确立国家与市民社会的二元结构,并在此基础上形成一种良性的互动关系"。基于这一信念,他们论证说国家的角色唯有通过采取法律和经济手段维护那些可能由社会成员损害的公共利益时才是正当的。政治干预被视为负面的,因为它们侵犯了社会的自由和独立。与此相反,新兴的公民社会可以成为人们躲避国家暴力的避难所,也可以为多元化的利益群体追逐各自政治权利搭建平台。在这种意义上,两位作者特别呼吁对公民社会作为自下而上的民主转型的重要力量给予足够的关注。

在这两位学者讨论公民社会的方法取向中,有三点对此后治理理论的发展至关重要。第一,它承接了 20 世纪 80 年代以来出现的对政治体制改革提出建设性方案的政治研究进路,即新兴社会阶层对自主性和政治参与的追求是在现有的政治秩序中得以进行的。这便意味着公民社会的理想角色不再是挑战党和国家的权力,而是与其进行积极地互动。这一构想因而响应了政治学内在的非批判性的学科导向。第二,与此前以国家为中心的视角不同,该研究的重点转向了作为持续性政治经济改革的制度基础的公民社会。这一转变反映出 1989 年后学者对党和国家作用的清醒认识(disillusion)。正如两位作者所表明的,民主的前景不再依赖于国家的善意,而应当成为多元社会利益要求的一项可期待的副产品。第三,民主的关键维度被重新加以界定。民主在新的思想中被定义为国家与社会的良性互动,而在实践中则假定社会中的部分成员(企业家和知识分子)得以在公共决策的过程中与政府协商谈判。这便将民主的本土化方案与典型的自由民主政体指标区别开来。总的来说,邓正来和景跃进成功地发展出了公民社会的概念及其政治意义。此后,他们的研究进路赢得了众多拥护者并很快成为风靡学界的时尚理论。毫不夸张地说,他们所提出的方案很大程度上影响了学者对当代社会处境的认识,即公民社会是根植于市场逻辑并可以成为政治发展的一股积极力量。

公民社会的主要理念随后在许多更加细化的应用研究中得以继续发展。在 20 世纪 90 年代中后期,学者开始尝试用各种方法确认伴随市场改革而出现的"真实的"公民社会。这一轮新的经验研究的主要意图是试图找出国家与社会进行积极互动的制度化基础。随着对萨拉蒙(Lester Salamon)和其他治理理论家的系统介绍,国内的公民社会学者逐渐将他们的研究兴趣从特定的社会群体转向社会结构方面,即独立于国家与市场的第三部门。讨论中国社会迅速增长的非营利性组织(NGO)的形式和功能的文献开始大量出现,其中中国的经济改革通常被解读成由于创造了更多的自由流动的社会资源和独立于国家控制的社会空间从而有效地加速了自主的社会领域的发展。此外,学者更进一步判断,以多元目标与多样化功能的公民组织的繁荣为标志的中国公民社会的制度化进程已经开启。这些著作的重要性值得在这里指出。一方面,它们为先前有关国家与社会关系的规范性陈述提供了大量的经验证据:学者声称令人向往的中国公民社会不仅存在于纸面上,而且正在成为一个

事实。另一方面,学者也提出了未来政治行政体制改革需要面对的
一个新问题,那就是如何管理这些公民组织并将其功能最大化以达
到国家与社会的良性合作。这就需要其他的更具操作性知识系统
来促进上述工作的实施。历史证明,这一缺口很快就被治理思想所
包含的理论和实践性工具填补上了。

四、 自由主义的尝试

　　20 世纪的最后一个十年见证了治理理论在全球政治和学术领
域的崛起。尤其 20 世纪 80 年代后期至 90 年代初期标志着新自由
主义的全盛时期,与之相伴的是苏东社会主义模式的瓦解、全球化
的迅速发展。走在推广治理理论前沿的是由几大主要资本主义国
家支持的国际机构(国际货币基金组织、世界银行、亚太经合组织)。
这些机构提供了创建新自由主义国家过程中政治与行政改革方面
的实质性经验①,这成为中国学者转向西方和向发达国家学习的主
要背景。在后者对治理思想的介绍性作品中,最直接的思想资源来
自世界银行在 1989 年和 1992 年发表的官方报告。这些报告标志
着世界银行关注焦点的转变,即从狭义的经济政策转向经济发展的
政治条件。在 1989 年的报告中,世界银行第一次将“非洲发展中长
期的难题”背后的主要原因定义为“治理危机”。“治理”概念随后在
1992 年的报告中被加以拓展,界定为“国家为了实现发展而对经济
和社会资源进行管理时使用权力的方式”。在此基础上,善治(good

---

① Williams, D. and Young, T., "Governance, the World Bank and Liberal
Theory", *Political Studies*, Vol. 42, no. 1(1994), pp. 84—100; Harrison, G.,
The World Bank and Africa: the Construction of Governance States, London:
New York: Routledge, 2004.

governance)被认为等同于"健全的发展管理",全球政治变革的共同趋势要求国家尽可能地"创造一种促进发展的环境,为私营部门承担更大的责任,减少政府在生产和商业活动中的直接参与,以及从中央向下级政府进行分权"。①报告认为,善治对辅助国家的经济政策和持续性发展非常必要。

善治的改革议题具体包括两个方面,其中之一是政府适当的角色与功能。世界银行认同政府在公共产品供给中所扮演的核心角色:"政府建立规则,使得市场能够有效地运行,但也纠正市场失灵方面存在问题。"②正如报告所声称的,这一评估来自特定的理论和历史预设,即西方国家的政府干预承担起调节市场失灵的责任,但又在 20 世纪 70 年代中经常造成不明智的政策和投资,而更为重要的是,所谓的"新政治经济学"(new political economy)的兴起强调了私人产权在刺激和保持经济发展中的关键角色,因此通过支持性的法律和官僚系统来保护产权成了政府的主要任务。在法律体系改革方面,政府需要创造稳定的契约交易并且保证可预期的产权。世界银行也因此将自己的角色定位在推进法律的连贯性、更新司法体系并培训司法人员。在官僚体制改革方面,则包括改进培训和管理程序,加强政策分析和预算纪律,缩减公务员规模以及提高政府内部的协调能力。③通过以上这些努力,政府可以变得更有责任、更加透明,并更有效率地保障市场经济的适当运行。很明显,这些改革议程不仅响应了小而有效的政府才是好的政府的传统自由主义理念,还提出了积极创造有利于投资和商业的制度环境的积极政府的新自由

---

① World Bank, *Governance and Development*, Washington, D. C.: World Bank, 1992, pp.1—5.

② Ibid., p.1.

③ Williams, D. and Young, T., "Governance, the World Bank and Liberal Theory", *Political Studies*, Vol.42, no.1(1994), pp.86—87.

主义理念。但是世界银行的立场并不止于此,在宣扬新自由主义的政府模型之外,它还得出了另一个新颖的结论:这样一个有效的政府若要持久地发挥作用,必须与一个相应的公民社会相匹配。

善治的第二个方面因此主要关注公民社会的发展。这里公民社会的概念包括了正式和非正式经济、自愿组织、非政府组织、工会、大学以及各种专业协会。换言之,它们是政府与人民之间的媒介。这些媒介"扮演着重要的角色,它们创造了社会中向上或向下的联系,同时比草根阶层更有效地表达本地的意见。通过这些努力,他们可以为政策的制定带来范围更广的理念和价值"[1]。在这种意义上,推进公民社会的举措之下其实暗含着一个多元化的制度结构,它与上文提及的公共部门改革紧密联系在一起。例如,问责(accountability)被视为是保证"公共政策与实际执行一致、公共资源得到有效配置"的必要因素。[2]除了对金融系统的责任和整个经济表现的长期关注之外,世界银行还关心竞争和参与对于提升公共问责的重要意义。前者包括运用解除管制、将服务外包给私营供给者以及公私竞争等各种方式来打破国家的垄断。后者尝试鼓励非政府组织参与到公共项目中来监管服务提供商的活动并确保弱势群体的意见得到响应。新的议程意味着授权私有部门参与到公共事务、公共政策制定和执行程序中,这实际上为商业利益以民主价值为名来追逐利润打开了一道后门。因此可以说,善治框架背后蕴含的是世界银行对新自由主义的推崇。

---

[1]　World Bank, *Sub-Saharan Africa : from Crisis to Sustainable Growth : a Long-Term Perspective Study*, Washington, D. C. : World Bank, 1989, p. 61; World Bank, *Governance and Development*, Washington, D. C. : World Bank, 1992, p.49.

[2]　World Bank, *Governance and Development*, Washington, D. C. : World Bank, 1992, pp.13—14.

这种有关发展中国家的改革议题很快得到了中国政治学界学者的积极响应。在 1992 年世界银行报告出版之后的几年，国内年轻一代的学者捕捉到了这一新鲜的"治理"概念，并且开始将其整合进他们对政治体制改革的理解中。在这些前沿学者中，以多产著称的刘军宁为向学界介绍治理理论带来了第一波的推动力。作为一名活跃的政治理论学者，刘军宁在 20 世纪 90 年代初毕业于北京大学，后在中国社会科学院继续他对自由主义的研究。在 1989 年之后，刘军宁致力于向学术界翻译和传播自由主义的经典著作。此外，他还参与了从自由主义视角来探索当今的政治经济实验的尝试。所以在一定程度上，刘军宁能够成为世界银行所传播的治理思想的第一个中国门徒并不是偶然的。1995 年，他在作为国内自由主义学者进行思想交流公共平台的系列丛书"共和译丛"中发表了自己对治理思想的介绍文章。在这篇早期的论文中，刘军宁第一次提议将英文中的 governance 翻译成"治道"概念，并将这一概念与政治、管理等相关概念区分开来。他认为，治道与其他概念的关键性区别是前者只涉及权力的应用，而后者包括了权力的获得、组织、制约、更迭及其相应的程序。与传统概念相比，"治道"一词更为优越，因为它更动态、更具体，也因此免受意识形态争论的困扰。[1]在他的眼中，这个概念可以成为一个非常合适的技术工具来阐明世界银行对国家—市场关系的表述。

刘军宁分析中的关键部分是区分两种类型的治理：政策治国与制度治国。第一种治理类型指的是在某种政府形态中，政策优于经济管理中的法律和规则。这种治理模式被认为是先前社会主义体

---

[1]　智贤：《GOVERNANCE——现代"治道"新概念》，载刘军宁、王炎、贺卫方编：《市场逻辑与国家观念》，北京：生活·读书·新知三联书店 1995 年版，第 55 页。

制最明显的特征,表现在尽管公共政策可以在一个中央集权的体系中有效和灵活地实施,但是其中一个严重的问题是不同政策之间缺乏一致性,因此这种体制很难为经济发展提供一个可预测的制度环境。与此相对应的第二种治理类型是公共政策服务于法治和规章之下,这不仅需要将政府的经济管理行为加以制度化,也要求一个中立的政府基于法律法规原则解决利益冲突。刘军宁认为只有这样的政府才适合改革阶段兴起的市场经济。在这一点上,他得出了与世界银行相同的结论,即政府存在的目的需要根据市场经济的需要来定义。作为第一个介绍治理思想的中国学者,刘军宁的工作可视为一种类似新瓶装旧酒的尝试,即挖掘出本土概念和经验来表达内嵌在治理理论中优于先前社会主义的新自由主义体制。此外,他还提出了"制度创新"和"制度环境"等概念来描述新自由主义政治改革的必要性和具体内容。这些概念被随后的学者改良,以便更好地理解政府在推进公民社会中的角色。但讽刺的是,这些有限的成果也为刘军宁自己带来了主要的知识障碍。由于市场化改革成为文章的中心关注点,他便无法在同一叙述框架下察觉潜在的政府与社会之间的互动关系。同时,他也忽略了当时学术界对公民社会的日益增长的研究兴趣。结果是他初期的研究在接下来的几年中只得到为数不多的关注,而在很大程度上被他的听众忽略了。

三年后,第二篇有关治理的作品问世。刘军宁在北京大学的同学、年纪略轻的毛寿龙与他的同事合著了一本书,作为政府资助的社会科学项目课题的成果。作者在前言中提到,该课题的目标是系统性介绍和分析西方政府改革的理论与实践,因为与其他实行行政改革的国家相比,中国的改革者还缺乏系统和成熟的理论指导。[1]

① 毛寿龙、李梅、陈幽泓:《西方政府的治道变革》,北京:中国人民大学出版社 1998 年版,第 1 页。

为了填补这一空白,他们有意在此书的标题"西方政府的治道变革"中沿用了"治道"的概念。在这一点上,毛寿龙及其同事的研究议题包含了一个更深层次的理论关怀,而这在刘军宁此前的文章中是缺乏的:此书认为自 20 世纪 70 年代后期以降,行政改革呈现出一种新公共管理(new public management)及其自由主义原则的全球趋势。众多活跃的政治和经济理论家在该自由主义分支的复兴中扮演了重要的角色,他们是哈耶克(Friedrich A. Hayek)、米尔顿·弗里德曼(Milton Friedman)、罗丝·弗里德曼(Rose Friedman)、米塞斯(Ludwig von Mises)、诺齐克(Robert Nozick)和布坎南(James Buchannan)。尽管这些学者的论证各有不同,他们却共享了一个基本的观点,那就是自由的权利是个人和社会发展最终的动力,以及市场作为一种制度性的安排能够比政府更有效地保护自由的权利。基于上述信念,这些学者提出人类社会的发展不仅要求缩小政府的规模,而且需要根据市场机制来重塑政府。[1]换言之,不同于古典自由主义的传统命题,新的自由至上论(libertarianism)的倡导者倾向于提倡更为积极的政治改革来重新塑造政府及其公共政策。毛寿龙作为这些新自由主义先知的中国门徒,举手称赞他们思想的政治意义并认为全球新公共管理运动的兴起正是对他们理论观点可行性的最佳说明。

在对新自由主义理论体系做了一番概览之后,毛寿龙用余下的篇幅回顾了英美和其他西方国家新公共管理的策略和方法,他认为这样可以为中国当代的行政体制改革提供启发性的经验。新公共管理的核心概念由奥斯本(David Osborne)和盖布勒(Ted Gaebler)

---

[1] 毛寿龙、李梅、陈幽泓:《西方政府的治道变革》,北京:中国人民大学出版社 1998 年版,第 14—59 页。

在畅销书《改革政府：企业家精神如何改革着公共部门》中明确提出，这本书被视为美国行政体制变革的宣言。根据这两位学者的诊断，当代政府已被证明在公共服务供给中是低效的并且无法有效响应公众的需要。这些问题可以归咎于传统官僚体系的制度性设计和它们在不同公共服务领域中的垄断地位。他们因此建议政府应该避免直接参与公共服务，取而代之的是引入不同职能部门与机构之间的竞争机制，或者让政府干脆从这些领域中撤出，将其开放给私营部门去运作。简言之，政府内部竞争和公共企业私有化都是他们改革的重要议题。在实践方面，诸如外包、私有化、解除管制等多种政策工具都可以被用来达到这些目标。最终，政府优先的职能便从"划船"转变为"掌舵"，从而使市场机制的优势能够在公共服务的提供方面得到最大体现。

从这一典型的新公共管理视角出发，毛寿龙批评道，从 20 世纪 80 年代开始的中国行政体制改革由于受制于落后的管理主义的教条，导致改革的成效既不令人满意也不够全面，因而并不能称为真正的"治道变革"。与此相对，未来的改革则需要将新公共管理的元素整合进用市场导向的工具重塑政府的这一首要目标中。与刘军宁的关注相似，毛寿龙也视其研究的核心为政府与市场的关系。随后得益于国际学术交流的发展，毛寿龙以访问学者的身份在美国继续相关问题的研究，很快成长为中国公共选择学派的一位代表人物。与刘军宁看待政府的实用主义视角不同，毛寿龙坚持认为政府不仅应该促进经济的发展，而且政府自身的性质还应被来自市场的观念重新定义，这不啻为一种在政治改革的设计方面更加激进的观点。然而，他却疏于阐释政府追求如此激进改革的原因。更为重要的是，他似乎没有意识到学科话语体系中一个重大的改变。正如先前所提及的,政治学学科正在经历一个朝向温和立场的自我定位过程。因此,不难见到尽管毛寿龙的新公共管理教义在理论层面吸引了众多学者的关注,但后者却乐于在善治的方案中去寻找更具实用主义的路径。

自 20 世纪 90 年代中期开始,政府启动了新一轮针对产权制度的激进改革。在这一大范围的私有化过程中,在原先国有企业和享有优惠政策的私人企业的管理人员中一群新兴的企业家阶层正在崛起。相反,大规模的城市与农村居民的生活却变得更加贫困,由此带来的基本社会保障以及其他社会服务的需要也快速增加。① 与此同时,政府在教育和医疗等领域则引入了新的使用者付费的市场机制来进一步刺激经济的发展。这种在公共服务领域中明显的新公共管理政策被学者们广泛解读为有限政府的出现或公民社会进行自我管理的机遇。因此,当治理理论在这一时期被初次介绍到学界中时,便被定位成一种在实践中整合进了新公共管理的政策工具的,解释各种社会组织与国家之间互动关系的理论框架。它有效地响应了早前公民社会领域学者尚待解决的问题,并提供了新的理论模式来整合新公共管理的政策议程。对中国治理研究学者而言,新兴的公民社会因此可以被视为政府与社会合作的前提条件,因为各种公民组织与政府共享相似的目标,并且可以成为政府潜在的合作伙伴。这就要求政府发展出一整套管理技术来激励、吸纳和安排各种社会团体的服务。基于此,"掌舵"的重要性在这里不仅体现在追求有效的管理方面,它本身就代表了政府积极地进行自我调整以配合将来与社会合作的努力。

① Andreas, J., "Changing Colours in China," *New Left Review*, Vol. 54, No. 6 (2008), pp.123—142.

五、 马克思主义的妥协

第三位贡献于早期治理思想传播的学者是徐勇。作为一名马克思主义背景的政治学者，徐勇对治理的关注不晚于刘军宁与毛寿龙，但他的精力主要放在新概念与既有学术传统特别是马克思主义的建设性对话上。这一理论关怀使得徐勇对治理的解读与先前两位学者的自由主义视角颇有不同。他的第一篇讨论治理问题的文章于 1997 年发表在国内政治学研究的核心期刊上。[①]在这篇分析性论文中，徐勇集中探讨了治理的概念要素如何在马克思主义的话语体系中成立。他接受了世界银行强调公共权力工具性的治理概念，但很快抛弃了政府—市场的二元体系，因为在这一体系中，公共权力仍然与政府行为是等同的。在他看来，公共权力与国家权力之间应该有一个清楚的划分，后者只是一种主导性的特殊的公共权力。而另一个关键性因素——社会的自我治理——应该被置于公共权力的概念体系之中。徐勇认为这一洞见长期以来为马克思主义经典作品特别是恩格斯的《家庭、私有制和国家的起源》一书的中国读者们所忽略。恩格斯的立场在他看来倾向于将公共权力界定为一个系统，其中强制性的国家权力只是暂时的，且与社会各阶级之间的密集斗争相伴而生。尽管国家权力可以成为主导性的公共权力形式，它却无法替代公共服务中社会的角色。这一点上，可以说恩格斯对公共权力的批判性概念与自由主义的差别在很大程度上被抹杀，因为它已成为内嵌在国家产生之前的各种社会群体中的一个宽泛的概念了。在同样的思想脉络下，"阶级"也在一个占据公

① 徐勇:《GOVERNANCE:治理的阐释》，载《政治学研究》1997 年第 1 期。

共权力的模糊的"社会"概念下被边缘化了。与概念层面的巨大转变相对应的是,国家权力中的强制性因素及其维持阶级社会的重要作用也不再被强调。得益于徐勇对上述概念的创造性诠释,治理理论在马克思主义经典著作中发现了自己的依据,马克思主义的政治研究者们更得以在治理观念中发现了新的事业。

徐勇的雄心并不止于概念上的创新。他还尝试发展出一套以公共权力理念为中心的历史叙事。他在解释这一努力的动机时这样说道:"迄今为止,学界对这一语汇还缺乏深入的理论分析,特别是缺乏以中国为主位的探讨,以致我们在运用这一语汇对村民自治、小区自治、民间组织及其国家与社会关系的分析时,没有强有力的理论支持和解释力。"①为了填补这一空白,徐勇并不满意现有的只停留在概念层面的对公共权力的描述。他试图通过治理的视角来揭示中国历史及其当代发展的规律。正如他在文中所指出的,公共权力的配置与运作方式是区别传统与现代治理模式的重要指针。例如传统的治理模式以公共权力资源分配的单极化和公共权力运用的单向度为特征,政府通过暴力或对稀有资源(例如土地、资本和地位)的控制垄断了公共权力,统治者以自下而上的方式管理整个社会。与此相反,现代治理模式的特点是公共权力的多元分布和双向运行。管理者可以是政府或是拥有独特能力和资源的公民与社会团体。因此,政府需要在公共服务中与其他成员进行合作。在上述的理论背景下,徐勇提出传统与现代治理模式之间的区分可以激发我们从不同于西方的治理轨迹来理解中国漫长的政治历史。

徐勇首先揭示中国政治话语的一个特殊的现象。与西方传统相比,"统治"这个词在中国通俗用法中被频繁地使用。这一语言学

---

① 徐勇:《治理转型与竞争——合作主义》,载《开放时代》2001 年第 1 期,第 27 页。

上的重要差异表明了中国传统政治结构中的一个核心特点：自秦以来的王朝历史中，一个强有力的国家政权凌驾于社会之上并控制着一切资源。整个社会进而被分成两个群体——统治者与被统治者，或借用在《孟子·滕文公》中的著名表述："或劳心，或劳力。劳心者治人，劳力者治于人，治人者食于人。"①徐勇据此认为，长期以来这个原则被中国民众普遍接受，因为旧有治理模式偏向公共权力的单向度使用，即统治者的统治不需考虑被统治者的认同。尽管历史中有众多次的农民起义，这个系统却仍然稳如泰山，直到 19 世纪晚期清王朝才开始了有限的分权化改革。历史的转折出现于中华人民共和国的建立，它标志着人民主权的新模式并真正开启了结构性治理变革的进程。但不幸的是，新的国家很快在政策制定及实施方面变得比古代王朝更加集权。国家机构和部门渗透至社会的每一个领域，没有给社会的自治留下一点空间。这一成问题的公共权力分配引发了社会主义体制早期的重大失败，随后才为邓小平纠正并以此作为政治改革的目标。徐勇随后阐释说这些改革的本质就是展开公共权力制度化调整的新愿景：大规模的分权措施创造出各种新的类型的经济和社会组织，后者在公共政策的制定方面扮演了越来越重要的角色。换句话说，现代治理模式的一些初步形态开始涌现出来。他将这一巨大的治理变革归结为是政府积极的自我调整和市场经济引入的结果。

　　与此前的自由主义学者相比，徐勇的研究更加系统和丰富。它涉及了两个层面的处境化尝试。首先，徐勇重构了现有的马克思主义概念，使得从治理引入的新奇观念看起来是合理的。一方面，推动这一概念层面的变化使他从原先的马克思主义立场中抽离，转而

① 徐勇：《治理转型与竞争——合作主义》，载《开放时代》2001 年第 1 期，第 28—29 页。

接受一种关于公共权力的实证主义概念,即将公共权力等同于物质意义上的统治;另一方面,他也接纳了一种粗糙的经济学视角,将权力视为一种稀有资源。其结果是这些在一定程度上彼此异质的因素都混进了同一个治理的概念中。尽管徐勇仍然强调对权力的研究应该是政治分析的主要课题,但这个更新过的概念与马克思主义学派的关联已经变得很微弱了。除了概念层面,徐勇的处境化工作还体现在其对实证依据的历史处理方法上。在这一方面,他在中国历史方面的丰富知识有效地帮助他将观察历史事件的视角从阶级斗争转移到国家权力的使用方式上来。因此,他得以在具体的研究中展示出治理作为一个分析性概念的优势。在徐勇及其学生随后的研究中,治理的概念被应用在对中国地方政府和农村政治的分析中。通过利用这些典型的案例,学者逐渐接受了治理理论。以俞可平为中心的研究团队很快就在这一研究方向上取得了进展。治理也逐渐成长为学科话语中一个核心概念,并开始塑造学者对政治生活各种领域的研究议题。

六、 开拓性的理论综合

俞可平及其同僚在 20 世纪 90 年代末首次发表了关于治理的著作,但这些作品的内容与之前学者的关系甚少,其中一个明显的证据是俞可平在著述中并没有引用刘军宁、毛寿龙等其他一些上文涉及的学者。俞可平 1987 年毕业于北京大学,成为第一批获得本土政治学博士学位的学者。在整个 90 年代,他致力于翻译介绍新马克思主义和诸如保守主义、行为主义、社群主义等西方新兴的政治思想。与其他年轻的自由主义学者不同,当俞可平第一次接触到治理理论的时候,他已经是中央编译局的一名资深的研究人员了。

因此,他有充分的理由让自己与新自由主义的政治宣传保持一定的距离。与此同时,作为一个经验丰富的政治学者,他也有足够的能力将有关治理的研究课题整合到自己所在的组织目标中。这项研究的目标不仅要总览治理理论及其批评者的大量文献,还包括指出其可能贡献于国内政治思考的思想素材与方法。从 1999 年到 2002 年,俞可平和他的同事付出了很大的努力来翻译、编纂和评估了国际学术界关于治理理论的研究文献。

俞可平进行理论综合的第一个要点是对治理概念的改良。聚焦于英语世界中的政治学文献,他通过回顾包括斯托克(Gerry Stoker)、罗兹(R. A. W. Rhodes)、库伊曼(Jon Kooiman)和罗西瑙(J. N. Rosenau)等学者对治理的定义来开始这项工作。在梳理了这些界定清晰的学术概念后,俞可平将兴趣更多地放在了对这些概念的实践阐释上,即由全球治理委员会发布的一份极具争议性的报告《我们的全球伙伴关系》(*Our Global Neighborhood*)。这家联合国的分支机构将"治理"定义为"各种公共的或私人的机构管理其共同事务的诸多方式的综合。它是使相互冲突的或不同的利益得以调和并且采取联合行动的持续过程。它既包括有权迫使人们服从的正式制度和规则,也包括各种人们同意或以为符合其利益的非正式的制度安排"。类似地,俞可平提出"治理"可以被界定为"在一个既定的范围运用权威维持秩序,满足公众的需要。治理的目的是在各种不同通过的制度关系中运用权力去引导、控制和规范公民的各种活动,以最大限度地增进公共利益"。随后,他进一步建议将"善治"理解为"使公共利益最大化的社会管理过程",其本质是"政府与公民对公共生活的合作管理,是政治国家与公民社会的一种新颖关系,是两者的最佳状态"。最后,俞可平总结出善治的几项关键因素,它们分别是:合法性、透明性、责任性、法治、响应、效益和参与。

　　值得注意的是，俞可平对国外治理概念的敏感正好体现了他自己的实践策略。不同于那些年轻的自由主义学者，俞可平并不把国际机构采用的流行定义简单地视为一个福音，相反，他提醒我们需要注意到这些概念框架背后的政治逻辑："在 20 世纪 90 年代，这些国际组织不仅对善治进行了专门的理论研究，而且把善治作为其评估受援国现状的主要标准之一。对那些在它们看来没有良好治理状况的国家，它们就要求这些国家进行必要的改革，使之符合其善治的标准。"这样便可以，"毋需触动受援国敏感的国内政治与行政问题。借用'善治'而不用敏感的'国家改革'或'社会政治变革'等字眼使得世界银行等组织有可能处理棘手的受援国国内政治问题，而又避免使人觉得它们超越了其职责和权限而干预了主权国家的国内政治事务"。①从这些代表性的用法中，俞可平意识到"治理"作为一个政治概念的最大优势是它能够以一种温和的方式表述敏感的政治议题。因此，他决定仿效前例在善治的名义下包装民主政治改革的议题。

　　如果对俞可平的定义和他所参考的概念做更为仔细的考察，就会展示出两者之间有趣的联系。首先，俞可平明确接受了全球事务委员会的定义中针对公共事务的管理学视角。两者都强调不同主体在其合作活动中可以利用的制度机构与方法的多样性。唯一的不同是俞可平将重要的治理主体具体界定为政府与公民，或在更抽象的层面界定为国家与社会。这样他便可以认定国家与社会的合作应该是一项互动的管理过程，而他的治理概念也因此表现出比其原型更加明确的，理解权力时的管理学导向。其次，俞可平在概念设定中引入一个新的元素，以便超越对理解利益问题时流行的个人

---

① 俞可平主编：《治理与善治》，北京：社会科学文献出版社 2000 年版。

主义看法。他的策略是赋予治理一个更高的目标，即实现公共利益。不过他并不试图提供任何关于公共利益的实质性内涵或是阐释它与民主之间的关系，反而尝试利用一些技术指针来避免可能的价值判断。在这一点上，他忠实地模仿了世界银行和其他国际机构的做法。接下来，为了使这个概念具有操作性，还有一些问题有待澄清，例如如何填补存在于社会与民众之间的明显的概念空白，如何讲明社会在追求善治过程中特别是能够被指标体系评估的角色。基于此，俞可平需要更多的努力去探索其研究课题中的其他支持性因素：作为第三部门的公民社会。

　　可以说，俞可平的治理理论的基石是公民社会的概念——这个名词自从 20 世纪 90 年代初期便出现在有关中国政治前景的讨论中，特别是邓正来和景跃进曾在他们的新自由主义宣言中强调中国新兴的公民社会对民主发展的重要意义。[①]在俞可平的研究课题中，他延续了这个词的规范性导向，同时以社会组织结构的方式来加以重述。他将"公民社会"定义为"国家或政府之外的所有民间组织或民间关系的总和"，包括"非政府组织（NGO）、公民的志愿性社团、协会、小区组织、利益团体和公民自发组织起来的运动等"。[②]具体而言，中国的公民社会包括三个主要特征：第一，同邓正来与景跃进一样，他认为政治上的独立对于公民社会组织（CSO）非常必要。第二，公民社会组织是非盈利性的，它们可以与私营企业区别开来。因此，公民社会的特质可以从组织类型的角度来辨识其与政府或市场的不同。换言之，公民社会可以成为政府与企业之外的"第三部门"。此外，俞可平还跟随萨拉蒙（Lester Salamon）和其他公民社会

① 邓正来、景跃进：《建构中国的市民社会》，载《中国社会科学季刊》1992 年第 1 期。
② 俞可平等：《中国公民社会的兴起与治理的变迁》，北京：社会科学文献出版社 2002 年版。

研究者的路径，提出公民社会组织中独特的组织原则是与公民自由选择的权利相关联的。因此，他建议这些组织应该是志愿原则而不是依据契约或自治而组织起来的，因为后两种关系混淆了公民社会与政府和市场的制度差异。总而言之，公民社会的改良定义与它的概念元素一同为随后的应用做好了准备。这一定义不仅帮助俞可平找到了一个有效的认知工具来澄清公民社会在中观维度的制度特质，还使其得以发掘出自中国公民社会的讨论延续下来的新自由主义式的政治结构设计的组织基础。

在接下来阐释治理理论的努力中，俞可平集中探讨了这种基于公民组织的社会在转型中国的起源。与早期的中国公民社会倡导者的看法相似，他认为市场经济的兴起是公民社会发展的主要原因。这里"市场"虽然不再被认为是基于合约的公民社会的原型，但其在推动公民社会发展中的重要角色得到了肯定。首先，自改革初期以来中国逐渐抛弃了计划经济体制并实现了朝向社会主义市场经济发展的结构性变革。国民经济随后经历了从公有制垄断向多种所有制形式（包括国有、集体和个人的独资、合资和外资形式）的巨大转变。这一新的经济环境要求各种类型的企业面对同样的竞争风险并且根据市场机制来追逐利润。在此背景下，大量的利益集团和企业家协会作为彼此合作的机制迅速成长起来以便实现他们共同的利益。第二，随着经济增长而产生的大量财富为企业带来了更多的可支配利润，同时也增加了普通民众的收入。这些资金成为新兴公民组织进行融资的主要来源。第三，不断增长的生产力减少了人们的工作时间，越来越多的民众可以在各种协会和活动中（例如运动、文艺、旅游）享受他们的业余生活。[①]在俞可平看来，新兴的

---

① 俞可平等：《中国公民社会的兴起与治理的变迁》，北京：社会科学文献出版社2002年版，第196—203页。

中国公民组织深深受惠于市场经济的引进,因为后者带来的产权的多样化和生活水平的提高为公民组织的发展创造了适宜的环境。但是,我们也可以明显发现,公民组织的这些代表性的起源来自经过了高度筛选的市场转型过程中的既得利益群体,而同一进程中出现的阴暗面及其对普通民众生活造成的消极后果被排除在外。此外,在草根组织或集体行动形式中表现出的民众不满同样在上述理论中被隐藏了。

在完成了对治理与公民社会概念的阐释后,俞可平进入理论建构的最后一个阶段:将公民社会的概念与治理乃至民主连接起来。在“公民社会与善治”的标题下,俞可平声称:“CSOs 发展壮大后,在社会管理中的作用也日益重要,它们或者独自承担起社会的某些管理职能,或者与政府机构合作,共同行使某些社会管理职能。由CSOs 独自行使或与政府一道行使的社会管理过程,便不再是统治,而是治理。”[1]他认为,现实中存在的公民组织具有不同的功能,而其中最重要的一项是不同群体利益的中介性角色。当这一功能被发挥时,公民组织就可以促进政府与民众之间的合作。除此之外,公民组织还能够对更大范围的公共决策和政府改革产生日益重要的影响。这种影响力在专业或学术性组织作为智囊参与到政府决策的过程时表现得格外明显。[2]这就使得政策制定的过程变得更加民主,决策的结果也对利益相关人更加负责。因此,由于善治理论的启发,内化在诸如企业家和知识分子这些社会群体内的规范性角色得以具体实现在了公民组织的实践中。同时,从之前的公民社会

---

[1]　俞可平等:《中国公民社会的兴起与治理的变迁》,北京:社会科学文献出版社 2002
年版,第 190 页。

[2]　邓正来、景跃进:《建构中国的市民社会》,载《中国社会科学季刊》1992 年第 1 期,
第 208—216 页。

理论中继承的民主的政治议题也在善治的框架中找到了温和的表达形式。俞可平指出，这一具有争议性的民主概念在善治的新背景下只不过是一种合作："民主化是我们这个时代的政治特征，也是人类社会不可阻挡的历史潮流。民主化的基本意义之一是政治权力日益从政治国家返还公民社会。政府权力的限制和国家职能的缩小，并不意味着社会公共权威的消失，只是这种公共权威日益建立在政府与民众相互合作的基础之上。"现在，公民社会理论新版本的重要性变得很明显了：它与有组织的社会精英一同成长，并开始成为朝向民主政治发展的基础。

当我们对新旧公民社会理论进行平行比较时，俞可平的研究方案的优势就凸显出来了。事实上，俞可平曾经表示过自己对 20 世纪 90 年代以来同一项课题的讨论非常熟悉，并对其在中国学术界内论证公民社会理论过程中的所作贡献表示赞赏。[1]基于此，我们可以通过此前提到的新的学科导向来更好地理解俞可平在其研究课题中做出的独特贡献。首先，新旧版本都抛弃了早期的以国家为中心的视角，转而支持一种自下而上的政治改革路径。这随后发展成为政治学科研究的主要预设。其次，新旧理论的提出者都倾向于捍卫市场经济在公民社会成长中的积极作用，而在后者中，新兴的商业阶级和知识分子扮演了主导力量。尽管两种理论都看到了这些阶层在国家政策中不断提高的参与程度，但它们在评估这些力量在政治生活中的投入时却稍有不同。对邓正来和景跃进来说，政治参与只有在这些群体达到相当程度的自主和独立之后才能够实现。[2]而十年之后，俞可平发现他们的参与已经以集体形式（例如公

---

① 俞可平主编：《治理与善治》，北京：社会科学文献出版社 2000 年版，第 334 页。
② 邓正来、景跃进：《建构中国的市民社会》，载《中国社会科学季刊》1992 年第 1 期，第 17—19 页。

民组织)出现,而且相比于抽象的权利而言,他们更加偏爱实际的参与效果。由此俞可平才得以从善治的视角出发论证说这些社会群体的美德可以在其介入政策制定的政治行动中加以把握。这样,政府与民众之间强有力的合作在他的研究中才成为期待中的积极主题。由此可见,两者在规范性主张上的差异真正反映出新兴阶层不断增长的组织能力以及他们与政府之间不断强化的联盟关系:善治的前景如今越来越取决于政治界、经济界和知识界精英互相的合作。就这样,曾经由先前学者们设想出的中国公民社会的新现实在俞可平对治理理论的提炼中被加以巩固。不止于此,在其对公民社会、治理和民主关系创造性的诠释中,俞可平使得这一图景无论在理论还是实证层面都比前人的工作更有吸引力。

事实上,上述评论仍不足以概括俞可平的工作对政治学科研究的影响。对引导学科研究导向的期待在俞可平治理研究的初期就曾明确表达:"虽然治理理论还很不成熟,它的基本概念还十分模糊,但它打破了社会科学中长期存在的两分法的传统思维方式,即市场与计划、公共部门与私人部门、政治国家与公民社会、现代国家与国际社会,它把有效的管理看作两者的合作过程;它力图发展起一套管理公共事务的全新技术;它强调管理就是合作……它把治理看作当代民主的一种新的实现形式等等,所有这些都是对政治学研究的贡献,具有积极的意义。"①在其随后的著作中,他通过提供出由各种公民组织组成的中国转型社会的独特版本从而实现了这个夙愿:在缺乏任何对这些公民组织起源的严肃讨论的前提下,便声称对这些组织及其政治意义的研究可以成为中国政治科学的一项

---

① 俞可平:《治理和善治:一种新的政治分析框架》,载《南京社会科学》2001 年第 9 期,第 43 页。

中心议题。在善治思想的启发下,他将公民组织与政府的关系界定为一项技术性事物,这样便可以为上述的政治议题强加一个管理学的视角并认定它比之前抽象的公民社会理论在操作上更具优势。同样受益于善治思想的启迪,他指出这种努力预示了探讨中国民主前景更大规模的研究课题的展开。自中国政治学学科重建以来,这项研究第一次将具有说服力的规范性主张与可行的研究主题有机联系起来,研究中的治理定义也因此成为国内大多数关于治理思想的文章引用最多的一个。①由此可见,俞可平成功地为中国政治学研究者提供了一套比较完整的研究规划。此后伴随着各种实证研究的进展,先前治理文献中提出的激进言论被一劳永逸地抛弃,其改良版本在政治学科中开始大行其道。学者跟随俞可平的研究逐渐学习和掌握了这种新的管理学视角,却没有察觉一场悄无声息的变革已经随着政治研究领域被公共管理学占据而发生了。

七、 结论

本文通过追溯治理理论在当代中国的发展历程,展现了这项新自由主义的研究议题在政治学学科中处境化的主要内容与形式。在很大程度上,中国政治学学科的语境为这项尝试提供了平台,同时也解释了早期的治理理论在学界被有限接受的原因。一方面,一些对新思想开放的年轻学者成为将该理论整合进各自学术研究的先锋人物。尽管他们的研究议题各异,但这些早期著作有一个共同

① 郁建兴、黄红华:《2006年中国公共管理研究前沿报告》,载《宁波党校学报》2007年第3期;孙萍、耿国阶、张晓杰:《中国治理研究:引介、应用、反思与转化——本土化视角的文献回顾》,载《南京社会科学》2008年第3期;王诗宗:《治理理论及其中国适用性》,杭州:浙江大学出版社2009年版。

的特点,就是延续了自 20 世纪 80 年代以来学术界对政治体制改革的关怀。治理理论因此成了这些学者评判改革优劣的有效工具。另一方面,大多数早期的著作都没有察觉到与学科导向的变化相联系的中国公民社会理论的出现。对这一新趋势的忽略将这些学者与未来读者的主流期待相分离,因而阻碍了治理理论的广泛传播。这种不尽如人意的局面一直持续到 2000 年左右新一轮的处境化势头的出现。与先前的努力相比,新的尝试明确地将治理理论与当代中国的公民社会研究整合起来。治理理论随后的发展证实了这种自觉地调整不仅在理论普及方面很成功,而且有效地塑造了随后中国公民社会的研究议题以及更大范围的学科导向。简而言之,治理理论在这一时期真正开启了政治学研究向新自由主义范式变迁的进程。

治理理论在接下来十年的发展阶段是以大量涌现的经验性研究为标志的,其中管理主义成为主导的分析视角。随着新思想在学界的普及,政治学与公共管理的传统界限变得逐渐模糊,结果是政治学各分支领域的研究都可以在本土化的治理理论中找到所需要的思想资源和概念表述。这一时期得益于对治理理论的应用,中国的政治学者已经可以通过一套完整的治理理论话语为国家政策的新自由主义转向提供强有力的辩护了。具体来说,在政策层面,他们强调的中心是发展国家与社会之间的合作型关系,其中政府的主要责任是通过与新兴的私人和志愿部门分享共同的目标以及对这种公共服务供给结构进行有效管理来促进这种政治与社会的互动。而在学理层面,学者提出中国公民社会(及其要素)的概念作为与善治的合作原则相匹配的进步力量,并以此为基础构建出一种特定的政治现实来阐述其针对理想政府及其公共政策方案的改革建议。但是,同样不可否认的是,由于其规范性立场,治理理论无法识别国家在公共服务萎缩背后深层的制度性变迁,却盲目地认定这种变化是公民社会兴起的表现。其次，它简单地接受了新自由主义关于利伯维尔场和公民社会的片面表述并将其作为政治发展的进步性力量。此外，它还忽略了现行国家制度中的支配性特征，反而提供了一套管理学的话语系统加以合理化。简言之，这一理论无论在概念结构还是在现实指向方面都存在着严重的问题。

那么，这些发现对于治理理论的比较研究有何意义呢？可以说，我们通过理想类型的诠释学方法已经说明，在很大程度上，中国治理理论继承了由一些具有影响的国际机构与发达资本主义国家中的一些学者业已发展出的治理理论的规范和实践性要素，但是在两者之间仍然存在一些重要的分歧。在概念层面，这项研究显示出中国政治学者如何选择性地吸纳了国外治理思想的一些要素，并用来推进对这一理论的处境化理解。

这其中，世界银行开发的治理理论对中国学者的影响首当其冲。在世界银行的主张中，第一波的治理变革是众所周知的经济自由化政策，包括货币贬值、取消价格控制和补贴、取缔国家所属的市场管制委员会、私有化、降低进出口关税、激烈缩减赤字财政以及在社会服务领域引进使用者付费制度。如果说第一轮改革主要关注的是缩减国家行为的范围的话，那么接下来治理变革的议程就明确锁定在了重新界定国家行为的性质方面，其中包括：制度能力建设、公务员体系改革、新形式信息技术的引入、财政和人力资源管理、技术性支持以及在政策监督、评估和发展中推进公众参与。从第一轮到第二轮改革重心的转移实质上反映出那些发展中国家的外部捐赠机构与国家关注焦点的变化，即从危机管理到制度发展。①新的

① World Bank, *World Development Report 1997: The State in a Changing World*, New York: Oxford University Press; G.Harrison, *The World Bank and Africa: the Construction of Governance States*, London, New York: Routledge, 2004.

治理议程代表了这些组织越来越关注国家本身作为确保市场稳定和健康运行的关键性机构的意义。值得指出的是,治理理论的这一政治经济维度在中国语境下很少被提及。从一开始,中国治理学者便将注意力集中在了狭义上的政治领域以及国家与社会关系的重理。因此,中国治理理论尽管保留了对国家职能的强调,但其关注却放在了国家在确保公民社会健康运行的作用上。

另一个为中国提供了实质性的治理变革经验的榜样是英国。在这个国家,"治理"概念指的是凭借网络进行治理。这种术语的特定用法通过以罗兹为代表的盎格鲁治理学派(Anglo-Governance School)的研究在公共行政与政策领域得到了推广。正如罗兹所强调的,网络治理的研究议程可以包括两个方面。①首先,这项理论描述了英国20世纪80年代的分权改革和90年代联合治理(joined-up governance)措施(如增进政府部门之间以及政府与其他组织之间的协调工作)所造成的不断加剧的政府结构的分裂局面。其次,该理论也试图将英国政府发生的变化诠释为是从官僚制的威斯敏斯特模型向基于网络运转的治理模型的转变。通过利用新的思想——例如政策网络(policy network)、核心管理(core executive)和空心化(hollowing out)——这种治理话语试图发现国家权力的局限并寻求发展出对国家权威及其行使的更加多元化的看法。具体而言,部门分化(differentiation)在80和90年代越来越普遍,见证了英国政府在功能和管辖区域专业化方面的显著变化。多元化的网络作为市场化措施的非预期结果,连同不断增加的国际互赖关

---

① Rhodes, R., *Understanding Governance: Policy Networks, Governance, Reflexivity and Accountability*, Bristol, Pa.: Open University Press, 1997; *Rhodes, R.*, "Understanding Governance: Ten Years on", *Organization Studies*, Vol.28, No.8(2007), pp.1243—1264.

系,一同导致了政府在调控方面的核心管理能力的削弱。于是,福
利国家的传统服务项目被逐渐空心化,这些服务目前则由政府部门
和诸如专业机构、社区和商业机构等多样化的组织一同来提供①。

这些观察促使罗兹将治理归纳为一种社会网络性的控制系统,
借此来强调单一中心的主体进行治理时的局限并对在特定政策领
域进行治理的多元化的主体予以界定。这些治理主体的存在本身
模糊了传统上公共、私人和第三部门之间的界限,从而构建出一个
以多样化的服务中心和方式为特征的多中心格局。在理论层面,这
一特定的研究取向与中国化的治理理论非常匹配,后者强调的中心
就是发展国家与社会之间的合作型关系。其中政府的主要责任是
通过与新兴的私人和志愿部门分享共同的目标以及对这种公共服
务供给结构进行有效管理来促进这种政治与社会的互动。但不可
否认的是,这种取向无论在概念结构还是在现实指向方面都存在着
严重的问题。首先,由于其规范性立场,它无法识别国家在公共服
务萎缩背后深层的制度性变迁,却盲目地认定这种变化是公民社会
兴起的表现。其次,它简单地接受了关于自由市场和公民社会的抽
象表述并将其作为政治发展的进步性力量。第三,它忽略了现行国
家制度中的支配性特征,反而提供了一套管理学的话语系统加以合
理化。第四,它对国家与社会合作的模糊界定无法避免多样化的解
释。一旦时机成熟,治理学者便可以将这一理论工具应用在和谐社
会的政治话语中。尽管目前断言治理理论注定要面对这种尴尬的
局面还为时过早,但可以说上述思想结构方面的缺陷使其非常容易

---

① Rhodes, R., *Understanding Governance: Policy Networks, Governance, Reflexivity and Accountability*, Bristol, Pa.: Open University Press, 1997; Rhodes, R., "Understanding Governance: Ten Years on", *Organization Studies*, Vol.28, No.8(2007), pp.1243—1264.

在政治与知识的建制性体系中被曲解和任意诠释。最后，对治理理论的批评者而言，本文的分析揭示出不论我们接纳还是拒绝这一理论，都不能简单回避该思想正在主导政治学领域的现实。但是如何对这一现实及其在当代思想史中的演变进行有效的分析和响应呢？其中一项策略是将个人的研究整合进该理论的体系，使其成为其中的一个部分，然后寻找改变其观念结构可能的途径。但是这需要与主流立场进行相当程度的妥协。另一项策略是避免与该理论直接接触，同时期待这样的一股时尚可以随着历史的发展而逐渐消逝。不过这样一种机会主义的态度却可能创造出对现实批判冷漠的大多数。本文采取了与上述两种策略不同的第三种路径：它致力于提供一种对治理理论的观念结构及其演变进行深入诠释以便对其进行批判的谱系学方案。为了有效地利用这种方法，研究者不仅需要重新反思围绕治理理论展开的各种思想图式，更需要为自己建立起独立的思想立场以其别于主流的学科话语。可以说，探讨治理理论及其背后的新自由主义话语体系对中国政治学思考与研究的深远影响是一项颇有挑战的工作，它需要更加系统的批判视角的兴起，也有待更加富有批判精神的政治学者的不懈努力。

新自由主义在我国的传播和危害

朱安东　王天翼[*]

改革开放以来,随着与西方社会交往的加深和市场化国际接轨的推进,新自由主义在我国的传播和影响不断扩大。早在 1980 年,邓小平就指出:"要批判和反对崇拜资本主义、主张资产阶级自由化的倾向,批判和反对资产阶级损人利己、唯利是图、'一切向钱看'的腐朽思想,批判和反对无政府主义、极端个人主义。"[①]党中央从 2004 年前后就开始明确提出反对新自由主义,并采取了一系列举措。西方输出的新自由主义思潮,本质上是反社会主义的资产阶级国家意识形态,是直接为美国霸权主义服务的文化侵略。[②]如果不尽快采取有效措施加以应对,任其发展,可能会恶化我国意识形态

---

[*]　朱安东,清华大学马克思主义学院副教授。研究方向为政治经济学、世界经济与政治、中国经济。著有《经济发展方式转变——"本土派"与"海外派"的对话》一书,并在《马克思主义与现实》《马克思主义研究》《红旗文稿》、*Journal of Post-Keynesian Economics*、*International Review of Applied Economics*、*Journal of World-Systems Research* 等期刊上发表论文二十余篇。王天翼,清华大学马克思主义学院硕士研究生。本文原载《当代经济研究》2016 年第 8 期。

① 《邓小平文选》(第二卷),北京:人民出版社 1994 年版,第 384 页。

② 因为 1949 年新中国成立以来,台湾、香港和澳门地区实行的是与大陆不同的政治经济制度,而且发展路径差异很大,在本文中,我们只探讨新自由主义在我国大陆的情况。

的生态环境,迷失中国特色社会主义的信念,影响改革开放政策,动摇社会主义经济基础,甚至犯"颠覆性"的错误,给中华民族带来灾难性的后果。

新自由主义思潮的理论基础是新自由主义经济学,即运用新的术语和方法重新包装的新古典经济学。古典经济学对西欧资产阶级挣脱封建势力的束缚,曾经起过进步作用。新古典经济学是经过"边际主义革命"改造后、抛弃了古典经济学中科学成分的庸俗经济学,其核心主张是自由放任的市场经济。新自由主义思潮的基本主张可以总结为"自由化""市场化"和"私有化"。其理论前提包括"理性经济人"、追求自我利益的"最大化"和"完全市场竞争"等基本假设,旨在把资本主义生产方式看作符合人的本性的、自然和永恒的生产方式。它有利于西方垄断资本在新的历史时期打击劳工阶级,摧毁第三世界和社会主义国家发展民族经济的努力,以加强国际垄断资本经济、政治和文化的全球统治。新自由主义在美国以及世界银行和国际货币基金组织等的推动下泛滥全球,已经给包括西方国家在内的各国人民带来了深重灾难,贫富分化、经济衰退和政治动荡成为新自由主义重灾区的常态。2008 年全球金融危机爆发以来,由于西方各国政府及时"救市",国际金融资本未受到根本性的打击,新自由主义思潮在其支持下仍处统治地位,这是西方经济复苏乏力的重要原因。事实上,国际社会的进步力量抵制和反抗新自由主义全球治理的斗争从未停止。

一、 新自由主义在中国的传播

新中国成立后的前 30 年,由于西方对中国大陆采取经济封锁和武力颠覆的敌对政策,妄图把中国共产党领导的新政权扼杀在红色摇篮中。为击破这一图谋,我国立足于自力更生,通过中央计划体制成功地组织和发展社会主义经济,为后 30 年的改革开放奠定了国内的政治经济文化基础,并使得当时以哈耶克为代表的新自由主义在中国社会基本没有什么影响。美国侵略越南战争的失败,迫使以美国为首的西方大国放弃"孤立中国"的遏制政策,西方与中国正常邦交往来的建立,为改革开放奠定了国际政治基础。中国长期与西方市场经济运行的经验操作及其主导的世界市场游戏规则相隔离,打开国门后,各种西方经济理论思想强劲地迎面扑来。新中国是直接在半殖民地半封建的废墟上建设的,社会主义建设的经验只有 30 年,而西方发达国家都已经经过了几百年的资本主义发展,前者的升华需要借鉴和吸收后者发展所析出的人类文明进步的优秀成果。这往往不得不从向西方学习与市场经济相关的知识和技能做起。为了持盈守成和讲究实效,避免良莠不分,我们在改革开放中采取了"摸着石头过河"的谨慎政策。个中确有许多人在"拿来主义"的喝彩声中,为西方的表面物质繁荣所迷惑,对坚持中国社会主义的道路、制度和理论失去了信心,盲目崇拜资本主义市场经济及其理论的思潮,并且随着市场导向的改革开放不断深入而呈泛滥之势。这种随风倒的被动现象,很快引起党中央和学术界坚持马克思主义的有识之士的高度重视。邓小平多次就相关问题发表重要讲话。1983 年,他在中共第十二届二中全会上严肃地指出,面对"现代西方资产阶级文化","不能不对资本主义的腐蚀性影响进行坚决的抵制和斗争","现在有些同志对于西方各种哲学的、经济学的、社会政治的和文学艺术的思潮,不分析、不鉴别、不批判,而是一窝蜂地盲目推崇","这种用西方资产阶级没落文化来腐蚀青年的状况,再也不能容忍了"。"如果我们不及时注意和采取坚定的措施加以制止,而任其自由泛滥,就会影响更多的人走上邪路,后果就可能非常严重。从长远来看,这个问题关系到我们的事业将由什么样的一代人来接班,关系到党和国家的命运和前途。"①在随后的 1984 年,陈岱孙先生较系统地介绍和批判了新自由主义,指出"百余年来的实践和探索终于导致'完善自由市场'神话的破灭,使经济自由主义成为不切实际的理想"②。总体来说,在改革开放初期,国内对西方经济学的引进和研究还是比较注意学习、批判与借鉴之辩证关系的。

新自由主义经济学在中国的大面积传播,发生在 20 世纪 80 年代后期。在公派留学和出国访问中,有越来越多的中国经济学者直接接触和接受新自由主义理论。同时,西方一批主张新自由主义、鼓吹私有化的代表性著作,开始在中国大陆被不加批判地接连翻译出版。新自由主义代表人物访华并被尊为座上宾,一些国内媒体则鼓之舞之以尽其神,如当时的《世界经济导报》先后发表题为《国有制在世界范围走到了尽头》《私有化浪潮席卷全球》《国有制往何处去?》《国有财产个人化:中国经济改革的趋势与选择》等文章。③这些文章在社会上产生了较大影响。

1992 年 10 月,中共十四大明确宣布,我国经济体制改革的目标是建立社会主义市场经济体制。如何建成定位于社会主义初级阶段的社会主义市场经济,关键是下功夫解决好初级阶段的社会主义基本制度怎样与市场相结合这样一个重大的理论和实践问题,这是自无产阶级首先在落后国家夺取政权以来,马克思主义政治经济学所遇到的前所未有的挑战。对这一题中应有之义,西方列强力图从根本上扭转中国改革道路前进的方向。此前在中国社会积蓄已久

① 《邓小平文选》(第三卷),北京:人民出版社 1993 年版,第 43—45 页。
② 陈岱孙:《陈岱孙学术论著自选集》,北京:首都师范大学出版社 1994 年版,第 460 页。
③ 冯兆:《〈导报〉导向何方?》,载《人民日报》1989 年 12 月 5 日。

的新自由主义思潮,借机断然否认市场经济的社会主义制度性质,把资本主义市场经济的原则和理论奉为放之四海而皆准的普世价值。继此前业已发行的《资本主义与自由》(弗里德曼)、《美国新自由主义经济学》(勒帕日)、《民主过程中的财政》(布坎南)等中译著,学术及出版界马不停蹄地推出了缪勒的《公共选择》、米塞斯的《自由与繁荣的国度》、哈耶克的《通往奴役之路》等译本,为之摇旗呐喊。

在苏东剧变的国际大背景下,科斯因其于 1937 年和 1960 年发表的两篇论文而在 1991 年获得诺贝尔经济学奖,其产权理论被各国广泛用作支持私有化的理论基础,由此聚拢的新制度学派终于登上所谓的西方主流经济学的圣殿。科斯的产权理论遂成为新自由主义在中国推波助澜的中心话题。其在中国的追随者概括说,新制度经济学在中国"获得了异乎寻常的欢迎",它"在中国经济理论界中引起的震荡,可以说远远超过了其他任何一种西方经济理论。尤其是在 1991 年科斯获诺贝尔经济学奖以后,新制度经济学理论在中国获得了更为广泛的关注","新制度经济学理论在中国经济学界的分量,比在它的发源地美国更重"。[①]

在一批学者的极力鼓吹下,新自由主义"很快风靡于中国,不仅严重地搅乱了我国学术界的思想,而且也渗透到我国的实际经济生活"[②]。一方面,一些美国新自由主义的重要人物纷纷访问中国,举行各种学术活动,"推销"新自由主义。如因"休克疗法"而出名的萨克斯于 1993 年访华,主张"为了把国家产权垄断打破,最好的办法

---

① 盛洪:《科斯教授和新制度经济学理论》,载《天津社会科学》1993 年第 4 期,第 91—95 页。
② 丁冰:《简论新自由主义及其对我国的负面影响》,载《当代经济研究》2004 年第 11 期,第 17—19 页。

就是把牌分掉。随便怎么分都可以,快刀斩乱麻"①。新自由主义学者张五常到处宣传,"中国现在要想建立市场机制,而不想有私有产权,其本身是矛盾的","若要发展经济,私产制度是我所知的唯一可靠途径","私有产权是独步单方","私产制是经济发展的灵丹妙药,稍有推行,就有起死回生之效","共产制度在中国也推行了几十年,行不通也是事实"。②而大陆的一批学者也积极支持私有化,主张国有企业天生低效率,私有产权必然比公有产权优越,因此,应该"靓女先嫁"、一卖了之。一些人不惜鼓吹为私有化应该在中国搞腐败,作为润滑剂,"腐败出一个新体制"。这些主张甚至得到了一些领导干部和国有企业管理人员的支持。

特别值得注意的是新自由主义对高等院校的影响。有学者指出,"除了一些学术研究机构外,高等院校成为接受和传播新自由主义经济学的主要阵地"。③随着西方经济学在学界和社会的传播,它从 20 世纪 90 年代初开始成为高校财经类专业的核心课程,逐渐形成与马克思主义政治经济学分庭抗礼的经济学教育二元结构,但即使这样的场景也难以维系,马克思主义政治经济学被边缘化。

面对新自由主义对我国学界和社会经济生活越来越大的影响,一批坚持马克思主义的学者和机构奋起疾呼,对其进行批判。早在 1991 年,针对科斯产权理论可能对我国产生的影响,高鸿业发表了《科斯定理与我国所有制改革》一文。他明确指出,"科斯定理不能充当我国所有制改革的理论根据","如果接受了科斯定理而把它当

---

① 高鸿业:《西方经济学与我国经济体制改革》,北京:中国社会科学出版社 1994 年版,第 45 页。
② 张五常:《经济解释:张五常经济论文选》,北京:商务印书馆 1998 年版,第 68 页。
③ 张志敏:《新自由主义经济学及其对中国经济学的影响——兼论中国经济学的构建》,载《求是学刊》2011 年第 3 期,第 43—48 页。

作所有制改革的根据,就等于主张彻底取消公有制而建立完全的私有财产制度"。①从 1994 年 3 月起,当时的教育部高等学校社会科学发展研究中心邀请陈岱孙、陶大镛、胡代光、高鸿业、吴易风等对马克思主义和西方经济学都有相当造诣的老专家,举办了"西方经济学与我国经济体制改革"系列学术报告会。学者就西方产权理论与股份制、市场机制与宏观调控、现代企业制度、企业管理、通货膨胀、引进外资、国民待遇、国有中小型企业的改革等重大理论问题进行讨论,有理有据地批判新自由主义的相关理论和政策,在社会上产生了良好的影响。

　　值得一提的是德高望重的陈岱孙先生于 1995 年发表的《对当前西方经济学研究工作的几点意见》一文,对新自由主义在国内的传播提出了严厉警告,并提出了必须采取的应对措施。他写道:"在我国经济学界,这些年来又渐渐滋长了一种对当代西方经济学的盲目崇拜、一概肯定的倾向。值得警惕的是,在借鉴西方经济学进行我国社会主义发展模式的研究工作中,特别是在社会主义经济体制改革方案的研究工作中,这种对西方经济学盲目崇拜、一概肯定、照抄照搬的倾向变得空前严重起来。如果不引起我们的注意,认真加以克服,后果将是非常严重的。""近年来国内滋长的对西方经济学的盲目崇拜倾向,深究起来,实质只是对当代西方经济学中新自由主义这一古旧学派的崇拜。""我们面临的危险有两个方面,一是西方经济学对青年学生和青年知识分子心灵的毒害,二是西方经济学对我国经济社会发展和改革开放的方向的误导。弄得不好,西方经济学这两个方面的影响都可能产生悲剧性的后果。""当前一个最紧

① 　高鸿业:《科斯定理与我国所有制体制改革》,载《经济研究》1991 年第 3 期,第 38—43 页。

迫的任务便是克服对西方经济学盲目崇拜、照抄照搬的右的倾向。"随后他提出了大力加强马克思主义的学习和研究等九条具体措施。①这篇论文经多个杂志发表和转载,在社会上产生了很大的影响。

　　20世纪90年代后期,新自由主义政策在广大发展中国家,尤其是苏东国家造成的灾难性后果,逐渐被越来越多的人所认识。中国偏离社会主义市场经济原则带来的贫富分化加剧、弱势群体扩大等现实,也促使整个社会开始反思新自由主义的理论和政策,大量西方左翼学者的著作被介绍到国内。以汪晖为代表的一批关注现实问题而又受到西方左翼思潮影响的中青年学者,开始公开批评新自由主义,他们被冠以"新左派"的称谓。在论战中,"新左派"在社会上获得了大量的同情和支持,而新自由主义在普通民众中的影响开始变弱。

　　但进入21世纪以来,情况发生了逆转。为了追赶西方一流大学或与之接轨,也伴随着西方经济不景气带来的就业困境,越来越多留学欧美的经济学者回国任教,甚至出任财经类院系的主要领导,导致新自由主义在国内经济学界的影响力与日俱增,马克思主义政治经济学在许多院校逐渐被边缘化,甚至从培养方案中被删除。与此同时,新自由主义的支持者和同情者掌控的社会经济文化资源不断增长,构筑起一张张盘根错节的社会关系利益网。如张五常在2000年发文,建议中国把除中央银行外的所有国有银行卖给外国的大银行,容许所有外国货币在中国流通,取消外汇管制,允许外资在中国开办任何金融企业,取消所有进出口关税,把所有国营企业都私有化等。②在21世纪初,他居然被许多部委、地方政府以

①　陈岱孙:《对当前西方经济学研究工作的几点意见》,载丁冰:《西方经济学说》,北京:中国经济出版社1995年版。
②　张五常:《给中国十个经济建议》,载《中华儿女(海外版)》2000年第5期,第12—13页。

及著名高校争相邀请做演讲，形成了所谓的"张五常热"。针对这种
情况，程恩富等主编的《11位知名教授批评张五常》一书于2003年
出版，对其进行了批驳。

2003年前后，在科斯定理风靡的大气候下，国内兴起了一股
"国有企业管理层收购"（MBO）热潮。2004年8月，根据对多个国
内大型国有企业MBO案例的分析，郎咸平指出，这些企业正以"产
权改革"的名义变相侵吞国有资产。以张维迎为代表的多个经济学
家和以顾雏军为代表的企业家与郎咸平展开了争论，郎咸平在社会
上得到了占绝对优势的支持，许多严肃的学者也公开表示对他的支
持。顾雏军在2005年因经济犯罪被逮捕，并在2008年被判刑。在
中央领导的指示下，国资委事实上停止了大型中央国有企业的
MBO。这一段争论被人们称为"郎咸平旋风"。①

与此同时，面对新自由主义在苏东、拉美等地区造成的灾难性
后果，一批坚持马克思主义的研究机构和学术团体纷纷行动起来批
判新自由主义，如中国社会科学院、中华外国经济学说研究会、全国
《资本论》研究会、中国经济规律研究会、海派经济学论坛等，形成了
一批研究成果，在社会上引起了较大反响。其中，由何秉孟主编的
《新自由主义评析》，较系统和深刻地分析了新自由主义的本质特征
及其导致的严重后果。②影响更大的是中国社会科学院原副院长刘
国光2005年发表的《谈经济学教学和研究中的一些问题》一文。他
指出，"当前经济学教学与研究中西方经济学的影响上升、马克思主
义经济学的指导地位被削弱和边缘化的状况令人担忧"。"新自由
主义经济学的核心理论是我们所不能接受的"，"同马克思主义，同

① 曹兼善：《郎咸平旋风始末》，香港：凤凰传媒出版集团2005年版。
② 何秉孟：《新自由主义评析》，北京：社会科学文献出版社2003年版。

社会主义,同中国的国情都格格不入,自然不可以为我所用"。他特别批评了那种不准批评新自由主义的做法。他还指出,"中国的改革一旦由西方理论特别是新自由主义理论来主导,那么表面上或者还是共产党掌握政权,而实际上逐渐改变了颜色,那么对大多数人来说,这是一个像噩梦一样的危险"。刘国光还从教学方针、教材、队伍以及领导权等方面提出了解决方案。①这篇文章发表后在社会上引起了强烈反响,被称为"刘国光旋风"。

　　但是,新自由主义在我国的传播并没有被遏制住,其在高校经济学科科研和教学中的影响仍然很大。曾长期在美国大学任教的黄宗智教授指出,"新自由主义在中国的霸权比在美国更需要反思、批判、挑战"。"教条化的新自由主义经验研究多受其意识形态所主导。它在表面上虽然强调'科学的'、实证的、精确的经验研究,但实际上缺乏真正的、既有经验根据也有创新概念的学术研究。这种教条化的学术主要有两种:要么努力证明新自由主义理论,时而借助貌似科学的计量方法;要么试图说明中国离他们的理想图景还有一定的距离,借以强调中国必须向新自由主义理想进一步迈进。""它们呼吁,要确立私有产权,确立纯粹的市场竞争,遏制、消除国有企业,目的是建立和(他们想象中的)美国相同的完全私有化的资本主义市场经济。"②同时,一些媒体和新自由主义学者利用中小企业遇到的困难,以及人们对垄断性央企的不满,不分青红皂白,站在维护私有化资本集团利益的立场,挑起了所谓"国进民退""国富民穷"的争论。

---

① 刘国光:《谈经济学教学和研究中的一些问题》,载刘贻清、张勤德:《"刘(国光)旋风"实录》,北京:中国经济出版社 2006 年版。

② 黄宗智:《我们要做什么样的学术? 国内十年教学回顾》,载《开放时代》2012 年第 11 期,第 60—78 页。

二、 新自由主义思潮在中国的危害

国内外学者的研究普遍认为,新自由主义思潮对我国改革开放具有重要影响,中国应警惕和抵制这一思潮。但学者们对新自由主义思潮对中国的影响程度的判断并不一致。一些学者认为,中国的改革开放是由新自由主义主导的。如哈维在《新自由主义简史》中认为,中国改革开放以来拥抱了新自由主义,进行了"有中国特色的新自由主义化"。①一些学者认为,中国改革开放未被新自由主义主导,尚处于新自由主义化的过程中。如王爱华认为,威权主义的国家与新自由主义政策在中国的同时存在,使得中国的实际情况不符合哈维等人的判断。②另一些学者认为,中国的改革开放在主要方面抵制了新自由主义的驾驭。如梁柳(音译 Leong Liew)认为,中国之所以成功地进行了经济改革,在于遵循了一种介于计划经济和新自由主义之间的发展模式。③国内虽有人否认新自由主义对中国的影响,甚至否认新自由主义的存在,但马克思主义学界普遍认为,新自由主义对我国改革开放有重要影响,应予以批判和抵制,才能保证中国特色社会主义事业的顺利推进。

(一)新自由主义思潮对我国意识形态的影响及危害

新自由主义思潮已经对我国意识形态的生态环境造成重大影

---

① [英]大卫·哈维:《新自由主义简史》,王钦译,上海:上海译文出版社 2010 年版。
② Aihwa, O., "Neoliberalism as Mobile Technology", *Transactions of the Institute of British Geographers*, Vol.32, No.1(2007), pp.3—8.
③ Leong, L., "Chinas Engagement with Neo-liberalism, Path Dependency, Geography and Party Self-reinvention", *Journal of Development Studies*, Vol.41, No.2 (2005), pp.331—352.

响,严重冲击了社会主义价值观的主流意识形态,危害甚大。《人民论坛》杂志自 2010 年起连续五年就国内影响最大的十大思潮进行调查,新自由主义思潮一直排名前三,在 2010 年、2013 年和 2014 年更是高居榜首。这些年来,主张新自由主义的一些知名人物不仅没有受到应有的限制,还得到某些势力的追捧,被邀请到各种论坛、讲坛发言。

这些情况引致一些海外学者做出了如下判断。新加坡学者郑永年认为:"尽管中国经济学界内部有不少争论,但可以肯定的是到目前为止,新自由主义是中国经济学界的主流话语。"①黄宗智也认为:"国内一般所谓的'新自由主义'在学术界的霸权地位,其实远远超过在美国的所谓'新保守主义'。两者的基本教条是大致相同的(美国的新保守主义更多附带一种近乎帝国主义的制度输出愿望,想把自己的制度强加于别的国家),但其在中国的影响比美国有过之而无不及。即便是在'金融海啸'引起全世界对新自由主义的批判和反思之下,其在中国高等院校的强势地位仍然没有动摇。""在中国则是由新自由主义在制度层面上独享霸权。在'与国际接轨'的大潮流下,新自由主义已经在制度上深入到教科书、核心刊物等,而由此也在研究生的遴选、教员们的聘任与评审中占据霸权地位。此外,在一些指导高校经济学类教学的委员会和有影响的经济学评奖委员会中,马克思主义政治经济学研究者的人数已减至可怜的程度,信奉西方主流经济学的学者基本控制了这些机构。"

在大众媒体中,新自由主义思潮的影响力也很大。在改革开放的每个重要时期,总有大量新自由主义观点和政策建议,畅行无阻地通过主流媒体适时地涌现,有些已沦为这一思潮自觉的宣传阵

① 郑永年:《新自由主义在中国的变种及其影响》,载《联合早报》2008 年 10 月 28 日。

地。有的鼓吹"市场万能论",称我国宏观调控扼杀了市场效率和活力;有的反对公有制,称我国国有企业是"国家垄断"、效率低下、破坏了市场经济秩序,应该"全面私有化"。这些论调的实质是要改变中国社会主义基本经济制度。最近的例子包括,故意曲解中共十八届三中全会关于全面深化改革若干重大问题决定的精神,把推进混合所有制歪曲为单向出售国有企业股份,以取消国有企业的主导地位,把市场在资源配置中起决定性作用歪曲为政府管得越少越好;故意曲解中央领导提出的"加强供给侧结构性改革",将其归于作为新自由主义流派之一的供给学派(又称"里根经济学")。

值得关注的是新自由主义在部分官员和青少年中的影响。有调查表明,它在一些官员中造成了思想混乱,甚至被个别官员奉为"真理"。在青少年中,出现了个人主义价值观增强,集体主义、社会主义价值观减弱的现象。国外有研究表明,由于长期被灌输"经济人"假设,经济类学生和学者变得更加自私、难以合作,对他人信任程度低。[①]国内也有研究表明,长期学习西方经济学致高年级经济学类大学生对他人的信任度显著低于其他学科的大学生。[②]

(二)新自由主义思潮对我国改革开放政策的影响及危害

我国改革开放是在中国特色社会主义理论体系的指导下进行的,这是我国各方面建设取得巨大成绩的基础。但我国某些具体政策和具体做法确实受到了新自由主义思潮的影响,并带来了一些不

---

① Kirchgässner G., "(Why) Are Economists Different", *European Journal of Political Economy*, Vol.21, No.3(2005), pp.543—562. Carter, J.R. and Irons, M.D., "Are Economists Different, and if so, Why", *Journal of Economic Perspectives*, Vol.5, No.2(1991), pp.171—177.

② 辛自强、窦东徽、陈超:《学经济降低人际信任?——经济类专业学习对大学生人际信任的影响》,载《心理学进展》2013年第1期,第31—36页。

良后果。有文章指出,在金融改革中,我国经济出现了类似美国的经济金融化现象,金融部门获取的利润已经远远超过制造业创造的利润。我国的金融改革没有汲取美国金融自由化导致 2008 年金融危机的教训,反而学习美国正在反省的各种"金融创新"方式,引入融资融券、场外配资、股指期货等杠杆化做法,使资本市场投机性不断加强,而监管部门对此失控,最终导致本轮"股灾"的发生,严重影响中国经济建设。[①]

在新自由主义的影响下,我国的医疗改革以及教育和住房体制改革出现了过度市场化的倾向,导致民众在生存和发展保障方面的支出压力过大,影响了老百姓的生活质量,也导致我国家庭消费比例不断下降并长期处于低位,经济增长不得不过度依赖投资和出口。这是造成目前我国产能过剩、实体经济不振的根源之一。

（三）新自由主义思潮对我国经济基础的影响及危害

改革开放以来,我国坚持公有制为主体,多种所有制经济共同发展的基本经济制度,取得了生产力发展的巨大成就。但新自由主义的干扰破坏已给我国经济基础带来了负面影响,给所有制格局、生产过程以及分配格局造成了一系列问题。

当前,我国贫富差距拉大,已经严重影响了经济社会的健康发展。国家统计局公布的 2014 年收入基尼系数为 0.469,仍高于贫富差距国际警戒线;另据北京大学中国社会科学调查中心报告,2012年中国家庭净财产的基尼系数达到 0.73,顶端 1％的家庭占有全国1/3 的财产,底端的 25％的家庭拥有的财富总量仅为 1％左右。国

---

① 张云东:《政策的作用力方向与国家战略》,载《上海证券报》2015 年 5 月 29 日。

际货币基金组织(IMF)最新的 2015 年报告称,贫富差距不断扩大使中国成为"全球收入最不平等的国家之一",中国收入最高的 20％人群占总收入的将近一半,而最贫穷的 20％人群占总收入不足 5％。①

收入分配不平等的根源,在于我国所有制结构已经出现重大变化。自改革开放以来,我国公有制经济在国民经济中的比重不断下降。特别是 20 世纪 90 年代中期以来,随着大量公有制企业被出售给私人以及非公经济部门的快速增长,公有制经济的比重迅速下降。杨新铭和杨春学根据第一和第二次经济普查数据估计,至 2008 年,我国第二、第三产业中公有制经济在资产、就业及其增加值总量中的比重已经下降到 52％、24.2％和 30％。②在此基础上,裴长洪估算的至 2012 年我国第二、第三产业中公有经济在资产、就业及其增加值总量的比重,分别为 50.22％、24.8％和 32.41％。③何干强依据第三次全国经济普查关于第二、第三产业企业法人单位从业人员的所有制结构数据进行的估算,认为到 2013 年末,在我国第二、第三产业的生产资料所有制结构中,公有制总体上已经不占主体地位。④

我国宪法之所以规定生产资料公有制的主体地位,是因为所有制是生产关系中起决定性作用的因素,决定了生产过程由谁支配以及产品如何分配。在市场经济条件下,只有公有制经济才可能体现

① IMF:"中国贫富差距居世界前列",http://www.cankaoxiaoxi.com/finance/20150327/721427.shtml.

② 杨新铭、杨春学:《对中国经济所有制结构现状的一种定量估算》,载《经济学动态》2012 年第 10 期,第 10—16 页。

③ 裴长洪:《中国公有制主体地位的量化估算及其发展趋势》,载《中国社会科学》2014 年第 1 期,第 4—29 页。

④ 何干强:《振兴公有制经济刻不容缓》,载《中国社会科学内部文稿》2015 年第 5 期。

社会主义生产方式的性质,私有制经济则体现了资本主义生产方式的性质。上述情况如果任其发展,经济基础的性质一旦发生根本性变化,上层建筑必然出现相应的质变。正如习近平总书记最近明确指出的:"公有制主体地位不能动摇,国有经济主导作用不能动摇,这是保证我国各族人民共享发展成果的制度性保证,也是巩固党的执政地位、坚持我国社会主义制度的重要保证。"[①]

三、 结束语

综上所述,新自由主义在我国的传播和影响已经开始严重危害我国社会主义建设事业,必须加以抵制和反对。回顾改革开放以来新自由主义在我国的传播过程,我们注意到,党中央对新自由主义在中国的影响高度重视,马克思主义政治经济学界也一直坚持对新自由主义的批判和揭露,但新自由主义对我国的影响仍有不断扩大趋势。一个重要的原因在于,我们对新自由主义的批判往往只局限在意识形态领域,很少触及现实经济生活。应当看到,随着我国经济市场化的程度不断加深,外资和私营经济不断发展,在经济基础中支持新自由主义的力量也在不断增大,这种局面必然反映到上层建筑领域,以致出现了新自由主义对我国经济社会政策以及意识形态的影响不断扩大的情况。因此,为有效抵制和反对新自由主义,必须从上层建筑和经济基础两个领域同时着力,全党上下一起来抓,各级党政部门相互配合、齐抓共管,坚决杜绝犯"颠覆性错误"的危险。

[①]　习近平:"立足我国国情和我国发展实践发展当代中国马克思主义政治经济学",新华网:http://news.xinhuanet.com/politics/2015-11/24/c_1117247999.htm。

　　首先,应该用马克思主义政治经济学理论对我国经济基础的现状进行分析和评判,进一步加强和巩固我国经济基础的社会主义性质,并理顺其对政策和意识形态领域的影响途径,使经济基础与上层建筑的互动形成良性循环;其次,用马克思主义政治经济学理论对我国改革开放以来的主要经济社会政策及其后果进行评价,纠正那些受到新自由主义影响的政策,并采取措施防止其对未来政策的影响;第三,新自由主义思潮首先是一种经济学思潮,应在经济学教学科研工作中重建并加强马克思主义政治经济学的主流地位,限制并逐步消除新自由主义思潮在经济学教育科研方面的负面影响;最后,新自由主义思潮当今还在发展并影响着现实世界,我们应继续加强对新自由主义及其危害的研究和揭露,尤其是它与宗教相结合培植恐怖主义土壤,破坏世界和平与发展给各国人民带来的灾难,要让人类社会充分认识到对新自由主义的批判事关我们的共同命运。

　　实践是理论的源泉,中国经济发展的惊世成就应当有与之相称的独特的中国经济故事。其中"蕴藏着理论创造的巨大动力、活力、潜力","要立足我国国情和我国发展实践,揭示新特点新规律,提炼和总结我国经济发展实践的规律性成果,把实践经验上升为系统化的经济学说,不断开拓当代中国马克思主义政治经济学新境界","深入研究世界经济和我国经济面临的新情况新问题,为马克思主义政治经济学创新发展贡献中国智慧"。贯彻习近平总书记以上在2015 年 11 月 23 日中共中央政治局第 28 次集体学习会议的号召,是中国经济学界今后义不容辞的历史责任,也是对新自由主义最有力的批判。

图书在版编目(CIP)数据

新自由主义研究与批判/李泉主编.—上海:格
致出版社:上海人民出版社,2019.5
(中国主要社会思潮)
ISBN 978-7-5432-2980-8

Ⅰ.①新… Ⅱ.①李… Ⅲ.①自由主义-研究-中国
Ⅳ.①D092.6

中国版本图书馆 CIP 数据核字(2019)第 030326 号

责任编辑　裴乾坤
装帧设计　人马艺术设计·储平

中国主要社会思潮

新自由主义研究与批判

李　泉　主编

出　　版	格致出版社	
	上海人民出版社	
	(200001　上海福建中路 193 号)	
发　　行	上海人民出版社发行中心	
印　　刷	常熟市新骅印刷有限公司	
开　　本	635×965　1/16	
印　　张	13	
插　　页	3	
字　　数	139,000	
版　　次	2019 年 5 月第 1 版	
印　　次	2019 年 5 月第 1 次印刷	

ISBN 978-7-5432-2980-8/D·120
定　　价　52.00 元